루 한장 **독해**

비문학 독해

과학편 **4** 단계 (3, 4학년)

하루 한장 독해

비문학 독해
과학편 4단계 (3, 4학년)

WRITERS

미래엔콘텐츠연구회 & 김진아, 이은영, 정지민, 조현주

미래엔콘텐츠연구회는 No1. Contents를 개발합니다.

COPYRIGHT

인쇄일 2024년 7월 15일(1판4쇄)
발행일 2022년 12월 1일

펴낸이 신광수
펴낸곳 (주)미래엔
등록번호 제16-67호

융합콘텐츠개발실장 황은주
개발책임 정은주
개발 마성희, 윤민영, 염혜영

디자인실장 손현지
디자인책임 김병석, 김기욱
디자인 이돈일, 김단비

CS본부장 강윤구
제작책임 강승훈

ISBN 979-11-6841-062-6

우리는 수많은 글에 둘러싸여 살아가고 있습니다.
이야기책이나 교과서 글뿐 아니라,
전단의 광고 문구, 가정 통신문의 안내 글,
인터넷 속의 다양한 자료와 글 …

그래서 우리는 글과 자료에 담긴 지식과 정보를
정확하게 이해하고 해석하는 능력을 키워야 합니다.
단순히 글자를 눈으로 읽어 내는 것이 아니라,
사실을 확인하고 의미를 이해하고 핵심을 파악해야
제대로 독해했다고 볼 수 있습니다.

하루 한장 독해의 비문학 독해 과학편은
우리가 궁금해 하는 과학의 폭넓은 이야기를 통해
제대로 독해하는 능력을 키우는 교재입니다.

 하루에 한 장씩! 독해의 세계로 떠나 볼까요?

이 책의
구성과 특징

재미있게 ③ ④ ⑤ 학습해요!

3 매일매일
'매체 독해+글 독해+하루 어휘'
3가지 학습을 할 수 있어요.

4 블렌디드 러닝인
4번째 학습으로 배경지식을
넓히고 심화시킬 수 있어요.

5 25일차 구성으로
하루 한 장씩 학습하면
5주에 완성할 수 있어요.

매체 자료로 **미디어 문해력**을 키워요!

3 8일차 시소의 수평 잡기

매체 독해 다음 홍보지를 보고, 물음에 답해 봅시다.

🎪 줄타기

국가 무형 문화재
시리즈

줄타기는 줄광대나 줄꾼이 공중에 매어 놓은 줄 위에서 움직이
나 손짓으로 하는 동작인 발림과 재미있는 이야기를 섞어 가며 여러 가지 재주를 보여 주는 놀이이다. 얼음 위를 걷듯이 조심스럽게
걸어야 한다고 하여 '어름'이라고도 부른다.
우리나라의 줄타기는 다른 나라와는 달리 줄만 타는 몸 기술을
선보이는 것을 넘어서 노래와 재치 있는 말을 곁들어 끊임없이 소통
하는 것이 특징이다. 줄타기는 국가 무형 문화재 제58호로 지정하
여 보호하고 있다.

* 출처: 국가문화유산포털

1 줄타기를 부르는 다른 말은 무엇인지 쓰세요.

(   )

2 이 홍보지를 읽고 알맞게 반응한 친구의 이름을 모두 쓰세요.

· 예린: 줄타기 공연에서 줄꾼의 발림을 보는 것도 재미있을 것 같아.
· 찬영: 줄을 타는 것은 매우 위험하니 계승하지 않는 게 좋아.
· 수빈: 우리나라 줄타기도 외국처럼 줄만 타는 몸 기술을 주로 공연해.
· 정재: 줄타기 공연을 보러 가면 나도 노래를 함께 부르며 놀이판에 어울릴 거야.

(   )

폭넓은 과학 이야기로 **공부력**을 키워요!

글 독해 다음 글을 읽고, 물음에 답해 봅시다.

우리는 화석을 통해 옛날에 살았던 생물이나 당시 그 지역의 환경을 알 수 있습니다. 그리고
화석은 우리 생활에서 유용하게 이용되기도 합니다. 그 대표적인 예가 석탄과 석유인데, 우리는
석탄과 석유를 연료로 이용하고 있어 이를 '화석 연료'라고 부릅니다. 즉, '화석 연료'란 오래 전
지구에 살았던 동식물의 유해 등이 지하에 쌓여 생성된 에너지 자원입니다. 그렇다면 석탄과 석
유는 어떻게 만들어졌을까요?

석탄은 아주 오랜 옛날에 울창한 숲을 이루었던 [1]습지의 식물이 땅속에 묻히고 그 위에 퇴적
물이 쌓여 만들어지겠습니다. 오랫동안 퇴적물이 쌓이면 식물이 묻혀 있는 층은 열과 압력을 받아
눌리면서 물과 산소, 수소 등은 대부분 빠져나가고 탄소 성분이 주로 남게 되는데, 이것이 단단
해진 것이 석탄입니다. 석탄은 현재 약 100여 개 이상의 국가에서 [2]채굴되고 있습니다.

석유가 만들어지는 과정에 대해서는 여러 가지 이론이 있으나 주로 바다 표면 근처에 살았던
작은 생물인 플랑크톤이 땅속에 묻힌 뒤 열과 압력을 받아 만들어진다고 알려져 있습니다. 플랑
크톤이 죽어 땅속에 묻히면 그 위에 진흙 등의 퇴적물이 계속 쌓여 오랫동안 높은 열과 압력을
받아 단단한 암석으로 바뀝니다. 그래서 석유를 채굴하려면 [3]시추 장비로 바다 밑 암석층을
뚫는 작업이 필요합니다. 석유는 자연에서 액체 상태로 산출되며, 주로 탄소, 수소로 이루어져
있고 질소, 산소 등의 불순물도 소량 포함되어 있습니다.

이처럼 화석 연료가 만들어지려면 아주 오랜 시간이 걸립니다. 화석 연료의 양은 한정되어 있
는데 소비량은 계속 증가하고 있습니다. 지금과 같이 화석 연료를 사용하면 화석 연료가 점점 [4]
고갈될 것입니다. 이를 대비하여 친환경적이면서도 고갈되지 않는 [5]대체 자원 개발이 필요한
상황입니다.

[1] 습지: 습기가 많은 축축한 땅.
[2] 채굴: 땅을 파고 땅속에 묻혀 있는 것을 캐냄.
[3] 시추: 땅속 깊이 구멍을 파는 일.
[4] 고갈: 어떤 일의 바탕이 되는 자원 따위가 다하여 없어지는 것.
[5] 대체: 다른 것으로 대신하는 것.

배경 지식 넓히기 화석 연료를 대체하는 신·재생 에너지

신에너지는 재생은 안 되지만 기존에 없던 새로운 에너지로, 수소 에너지, 연료 전지 등이 있습니다. 재생 에너지는 자연을 이용하거나 폐기물을 재활용하는 등 재생이 가능한 에너지로, 풍력 에
너지, 수력 에너지, 태양 에너지, 폐기물 에너지 등이 있습니다.

· **미디어 문해력이란?** 매체가 제공하는 다양한 정보를 해석하고 이해하는 능력입니다.

· **그래서 매체 독해가 필요해요!** 일상생활에서 각종 매체를 통해 제공되는 카드 뉴스, 광고, 그래프 등을 이해하고 해석하는 힘을 키울 수 있습니다.

· **과학 교과 연계로 학습 자신감이 생겨요!** 초등 과학 교과서와 연계하여 선정한 주제로 독해 실력은 물론, 과학 학습의 자신감도 키울 수 있습니다.

· **배경지식을 넓혀요!** 주제와 관련된 글 자료, 영상 자료로 깊이 있는 학습을 할 수 있어요.

똑똑하게 독해의 힘을 키워요!

비문학 독해의 힘 글을 구조화하여 읽으며 글 속의 지식과 정보를 파악하는 힘을 키워요.

매체 독해의 힘 미디어로 둘러싸인 환경 속에서 매체 정보를 해석하고 이해하는 힘을 키워요.

하루 한 장의 힘 많은 학습량을 욕심내지 않고 하루에 한 장으로 꾸준하게 공부하는 힘을 키워요.

블렌디드 러닝의 힘 글을 읽다가 꼬리를 물고 이어지는 궁금증을 스스로 해결하는 힘을 키워요.

다양한 문제로 비문학 독해력을 키워요!

1 이 글의 제목으로 가장 적절한 것은 무엇인가요? (   )
① 종이의 성분
② 종이를 만든 과정
③ 코끼리 똥으로 만든 종이
④ 코끼리 똥과 고양이 똥의 차이
⑤ 코끼리가 하루에 먹는 음식의 양

2 이 글에서 다루지 않은 내용은 무엇인가요? (   )
① 코끼리 똥으로 만든 종이의 장점
② 코끼리 똥으로 만든 종이의 단점
③ 코끼리 똥으로 종이를 만든 효과
④ 코끼리 똥으로 종이를 만드는 과정
⑤ 다른 동물의 똥이 우리 생활에 유용하게 쓰이는 경우

3 스리랑카에서 코끼리 똥으로 종이를 만들기 시작한 까닭으로 적절한 것을 골라 ○표 하세요

| 코끼리 똥은 냄새가 너무 고약해서 ☐ | 코끼리와 인간이 함께 살아가기 위해서 ☐ | 스리랑카의 산림이 많이 훼손되었기 때문에 ☐ |

4 이 글에서 설명한 코끼리 똥으로 종이를 만들어서 얻을 수 있는 효과가 아닌 것은 무엇인가요? (   )
① 야생 코끼리의 수가 더 줄어들었다.
② 많은 사람들이 일자리를 얻게 되었다.
③ 종이 판매 수익금으로 코끼리를 보호할 수 있게 되었다.
④ 나무를 자르지 않고 만들 수 있어 산림을 보호할 수 있다.
⑤ 동물의 배설물을 재활용한 친환경적인 종이를 만들게 되었다.

매일매일 어휘력을 키워요!

하루 어휘

1 다음 제시된 뜻을 가진 낱말을 보기에서 찾아 쓰세요.

보기   면적   북극해   얽히다   열악하다

(1) 이리저리 걸리는 것. (   )
(2) 면이 공간을 차지하는 넓이의 크기. (   )
(3) 품질이나 능력, 시설 따위가 매우 떨어지고 나쁨. (   )
(4) 북극을 중심으로 북아메리카 대륙과 유라시아 대륙에 둘러싸인 바다. (   )

2 다음 빈칸에 들어갈 말의 뜻을 보고, 알맞은 말을 보기에서 찾아 쓰세요

보기   특히   비교적   아마도   재빨리

(1) 선생님과의 상담은 _____ 화기애애한 분위기였다.
  ┗ 일정한 수준이나 보통 정도보다는 더
(2) 나는 유치원 친구들 중에서도 _____ 민찬이에 대한 기억이 생생하다.
  ┗ 다른 것보다 더욱 두드러지게
(3) 전화를 받지 않는 것을 보니 _____ 회의 중인가 보다.
  ┗ 정확히 단정할 수는 없지만 대충 짐작해 볼 때
(4) 동생이 방으로 들어오자 영희는 _____ 숨었다.
  ┗ 극히 짧은 시간 동안에 움직이는 모양

3 두 낱말과 같은 의미 관계에 있는 것을 골라 ○표 하세요.

(1) 힘들다 : 어렵다

| 난감하다 : 난처하다 | 늠름하다 : 졸렬하다 | 낭용하다 : 절약하다 |

(2) 녹다 : 얼다

| 자부하다 : 자신하다 | 지탱하다 : 지지하다 | 분주하다 : 한가하다 |

- **핵심을 파악하는 힘을 키워요!** 제목 정하기, 세부 내용 확인하기, 중심 내용 찾기 등의 문제를 통해 글의 핵심을 파악하는 힘을 키웁니다.

- **확장하여 생각하는 힘을 키워요!** 의견 나누기, 미루어 짐작하기, 다른 사례에 적용하기 등의 문제를 통해 확장하여 생각하는 힘을 키웁니다.

- **기본적인 뜻과 쓰임을 익혀요!** 새롭게 알게 된 낱말의 기본적인 뜻과 문맥 속에서의 쓰임을 익힙니다.

- **관련 어휘를 함께 공부해요!** 비슷하거나 반대의 뜻을 가지고 있는 말, 헷갈리는 말 등을 묶어서 공부하며 어휘력을 키웁니다.

이 책의 **차례**

바른답 · 알찬풀이

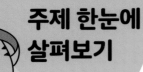

▌비문학 독해 과학편❶~❻▌

		주제1	주제2	주제3	주제4	주제5
1~2학년	**❶단계**	**우리 주변의 식물** 우리 주변에서 볼 수 있는 식물의 특징을 살펴보자.	**나의 몸** 눈, 귀, 코, 혀 등 우리 몸이 하는 일을 살펴보자.	**계절과 날씨** 우리나라 사계절의 특징과 날씨, 일기 예보에 대해 알아보자.	**고마운 에너지** 에너지의 뜻과 에너지를 절약하는 방법을 알아보자.	**소중한 물** 물의 세 가지 상태와 물의 중요성을 알아보자.
	❷단계	**우리 주변의 동물** 우리 주변에서 볼 수 있는 동물의 특징을 살펴보자.	**안전한 생활** 우리가 질병이나 사고로부터 안전하게 생활할 수 있는 방법을 알아보자.	**우리가 사는 지구** 우리가 지구에서 사는 까닭과 지구에서 볼 수 있는 자연환경을 살펴보자.	**소리의 세계** 소리의 성질과 소음을 줄이는 방법을 알아보자.	**물질의 성질** 물체와 물질의 차이를 알아보고, 물질의 성질이 생활에 이용되는 예를 살펴보자.
3~4학년	**❸단계**	**동물 이야기** 동물의 암수 구별과 배추흰나비와 개의 한살이에 대해 알아보자.	**자석 이야기** 자석의 성질을 알아보고, 일상생활에서 자석을 활용한 예를 살펴보자.	**지구의 모습** 지구의 탄생 과정과 지구의 다양한 모습에 대해 알아보자.	**지표의 변화** 물이나 바람 등에 의해 지표가 변하고 있는 여러 모습을 살펴보자.	**물질의 상태** 물질의 세 가지 상태의 특징을 이해하고, 물질을 세 가지 상태로 분류해 보자.
	❹단계	**지구의 변화** 지층과 화석, 화산과 지진 등 지구의 변화에 대해 알아보자.	**물체의 무게** 저울의 원리를 알아보고, 무게와 질량의 차이점을 살펴보자.	**그림자와 거울** 빛을 이용한 정보 전달, 그림자와 거울에 대해 알아보자.	**식물 이야기** 꽃가루받이, 식물의 한살이, 사는 곳에 따른 식물의 특징 등을 살펴보자.	**물질의 변화** 물의 상태 변화로 일어나는 현상을 알아보고, 이를 활용한 예를 살펴보자.
5~6학년	**❺단계**	**다양한 기상 현상** 대기 중에서 일어나는 다양한 기상 현상을 살펴보자.	**다양한 생물과 환경** 다양한 생물이 우리 생활과 환경에 어떤 영향을 주는지 알아보자.	**신비한 우주** 천체, 우주 탐사와 우주 개발에 대해 알아보자.	**산과 염기 이야기** 산과 염기의 특징을 이해하고, 우리 생활에서 이용되는 예를 알아보자.	**온도와 열 이야기** 온도와 열의 의미를 이해하고, 열의 이동 방법을 알아보자.
	❻단계	**전기 이야기** 우리 생활을 편리하게 해 주는 전기에 대해 알아보자.	**재미있는 기체 이야기** 기체의 성질과 예를 살펴보고, 온도와 압력에 따른 기체의 부피 변화를 알아보자.	**지구의 운동과 달의 운동** 지구의 운동과 달의 운동에 의해 나타나는 자연 현상에 대해 배워 보자.	**식물의 구조와 기능** 식물은 어떤 구조로 이루어져 있으며, 각 기관이 하는 일을 살펴보자.	**우리 몸의 구조와 기능** 우리 몸속 기관이 하는 일과 자극이 전달되고 반응하는 과정 등을 알아보자.

┃ 비문학 독해 사회편①~⑥ ┃

알고 싶은 주제, 재미있는 주제가 있다면 스스로 찾아 먼저 공부해도 좋아요!

	주제1	주제2	주제3	주제4	주제5	주제6
❶ 단계	작은 사회, 학교	계절에 따라 다른 생활 모습	소중한 우리 가족	명절과 세시 풍속	자랑스러운 우리나라	
	학교에서의 바르고 안전한 생활에 대해 알아보자.	사계절의 날씨와 특징, 생활 모습을 살펴보자.	옛날과 오늘날의 가족 형태, 호칭을 배워 보자.	설날과 추석, 열두 달의 세시 풍속을 알아보자.	세계에 자랑할 만한 우리의 문화를 살펴보자.	
❷ 단계	계절마다 다른 날씨	사회 속의 나	소중한 가족	우리 동네, 우리 고장	세계의 여러 나라	
	날씨와 기후를 구분하고, 계절별 날씨를 살펴보자.	사회화, 직업 선택, 저축과 소비에 대해 배워 보자.	가족의 형태, 가족 구성원의 역할 변화를 알아보자.	공공시설, 사람들의 직업 등 고장의 모습을 살펴보자.	세계 여러 나라의 의식주 생활 모습을 살펴보자.	
❸ 단계	우리가 사는 고장	우리나라의 전통	교통과 통신의 발달	다양한 의식주 생활 모습	도구의 변화, 달라진 생활 모습	오늘날의 가족 모습
	고장의 환경과 사람들의 생활 모습을 살펴보자.	오늘날까지 이어져 온 우리의 전통을 알아보자.	교통·통신의 발달로 나타난 생활의 변화를 알아보자.	자연환경에 따라 다른 다양한 생활 모습을 살펴보자.	여러 도구의 발달로 나타난 생활의 변화를 알아보자.	결혼식 모습과 다양한 가족 형태를 살펴보자.
❹ 단계	지도 속 세상	사람들이 살아가는 곳	소중한 문화유산	공공 기관과 주민 참여	경제 활동	사회 변화로 나타난 생활 속 변화
	지도의 기본 요소, 지도의 이용에 대해 알아보자.	삶의 터전으로서 도시와 촌락의 모습을 비교해 보자.	우리나라의 소중한 문화유산을 살펴보자.	공공 기관과 다수결의 원칙에 대해 배워 보자.	생산과 소비, 수요와 공급, 경제적 교류 등 경제 활동에 대해 알아보자.	세계화, 정보화, 고령화 등으로 나타난 변화 모습을 살펴보자.
❺ 단계	우리 국토의 위치와 영역	우리나라의 자연환경	우리나라의 인문 환경	인권을 존중하는 사회	일상생활과 법	
	우리나라의 위치와 영토, 영해, 영공으로 이루어진 영역을 살펴보자.	우리나라 지형과 기후의 특징, 자연재해의 종류를 알아보자.	우리나라의 도시와 인구 성장, 산업과 교통 발달에 대해 배워 보자.	인권의 중요성과 인권을 지키기 위한 다양한 노력을 살펴보자.	헌법을 비롯하여 생활 속에서 접할 수 있는 다양한 법을 배워 보자.	
❻ 단계	민주 정치의 발전	시장과 경제	세계의 자연환경	세계 여러 지역의 삶의 모습	살기 좋은 지구촌	
	우리나라의 민주 정치의 발전 과정과 선거에 대해 배워 보자.	우리나라의 경제 성장 과정과 경제 교류의 모습을 살펴보자.	세계 여러 나라의 국토 모습, 지형과 기후의 특징을 알아보자.	우리와 가까운 나라들, 세계의 종교와 문화에 대해 배워 보자.	국제 분쟁과 환경 문제, 살기 좋은 지구를 만들기 위한 노력을 살펴보자.	

1

지구의 변화

이번 주에 공부할 내용에 대한
주간 학습 계획을 세워 보세요.

	공부할 내용	교과 연계	공부한 날	스스로 평가
1장	지층이 쌓였어요		월 일	😢 😛 😚
2장	산꼭대기에서 조개 화석이 발견 됐다고요?	과학 4-1 [지층과 화석]	월 일	😢 😛 😚
3장	석탄과 석유는 어떻게 만들어질 까요?		월 일	😢 😛 😚
4장	백두산이 폭발하면 어떻게 될까요?	과학 4-2 [화산과 지진]	월 일	😢 😛 😚
5장	지진을 미리 알 수 있을까요?		월 일	😢 😛 😚

지층이 쌓였어요

 **매체 독해** 다음 홈페이지 화면을 보고, 물음에 답해 봅시다.

지질 박물관 이용 안내

❱ 관람 가능 시간
10:00~17:00(16:30까지 입장 가능)
※ 휴관일: 매주 월요일, 매년 1월 1일, 설날과 추석 연휴

❱ 관람료
전시 해설 및 입장료는 무료입니다.

❱ 체험관 운영 시간
- 평일(화요일~금요일): 10:00~12:00 / 14:00~16:00
- 주말(토요일, 일요일): 10:00~12:00 / 13:00~16:00

❱ 관람 시 유의 사항
- 박물관 시설 내 모든 공간은 금연 구역입니다.
- 안내견 이외의 반려동물은 출입할 수 없습니다.
- 스마트 기기로 오디오 가이드 청취 시 개인 이어폰을 착용해 주십시오.
- 박물관 내부에서는 사진 촬영이 가능하나, 상업적 용도의 촬영은 금지합니다.
- 쾌적한 관람 환경을 유지하기 위하여 음료수, 과자 등 음식물 반입을 금지합니다.

*출처: 지질 박물관

---

1 지질 박물관에 입장할 수 <u>없는</u> 시간은 언제인가요? (정답 2개)　　　　(　　　　)

① 일요일 오전 10시　　② 토요일 오후 12시　　③ 월요일 오후 2시

④ 화요일 오후 4시　　⑤ 금요일 오후 5시

2 지질 박물관에 대한 내용으로 알맞지 <u>않은</u> 것은 무엇인가요?　　　　(　　　　)

① 입장료와 전시 해설은 무료이다.

② 체험관은 주말에 4시간 동안 운영한다.

③ 반려동물 중에서 안내견만 출입할 수 있다.

④ 박물관 내부에서 상업적인 용도로 사진을 촬영할 수 없다.

⑤ 오디오 가이드를 청취할 때에는 개인 이어폰을 사용해야 한다.

바닷가나 강가에 가면 절벽이나 ❶산기슭에서 여러 가지 모양의 지층을 볼 수 있습니다. '지층'이란 자갈, 모래, 진흙 등으로 이루어진 암석이 여러 겹의 층으로 쌓여 있는 것을 말합니다. 지층에는 층마다 경계를 짓는 줄무늬가 있는데, 이를 '층리'라고 합니다. 층리는 보통 수평으로 나란하게 형성됩니다.

지층은 어떤 과정을 거쳐서 만들어질까요? 흐르는 물이나 바람 등에 의해 운반된 자갈, 모래, 진흙 등이 강의 하류나 바다 밑바닥에 모여 쌓인 물질을 '퇴적물'이라고 합니다. 퇴적물이 계속 쌓이면 먼저 쌓인 퇴적물은 위에 쌓인 퇴적물에 의해 눌리고, 오랜 시간이 지나면 단단한 지층이 만들어지는 것입니다. 이처럼 지층이 만들어지기 위해서는 아주 오랜 시간이 걸립니다.

지층을 관찰하면 무엇을 알 수 있을까요? 먼저 지층이 만들어진 순서를 알 수 있습니다. 새로운 퇴적물은 이전에 쌓여 있던 퇴적물 위에 쌓여 지층이 됩니다. 따라서 ❷지각 변동이 없었다면, 지층의 아래에 있는 층이 먼저 만들어진 것이고, 위에 있는 층이 나중에 만들어진 것입니다.

퇴적물이 굳어져 만들어진 암석을 퇴적암이라고 하는데, 지층을 이루고 있는 퇴적암의 퇴적 구조를 통해서 퇴적 당시의 환경도 ❸유추할 수 있습니다. 습한 진흙이 건조한 환경에 노출되면서 지층의 ❹표면이 갈라진 틈을 '건열'이라고 하고, ❺수심이 얕은 물 밑에서 물결의 영향으로 지층에 물결무늬가 남아 있는 구조를 '연흔'이라고 합니다. 층리가 비스듬히 기울어진 구조인 '사층리'는 사막이나 수심이 얕은 곳에서 바람이 불거나 물이 흐르는 방향 쪽으로 알갱이가 쌓일 때 형성됩니다. 수심이 비교적 깊은 곳에서 크기가 다른 퇴적물이 쌓일 때 크고 무거운 알갱이가 먼저 가라앉고 작고 가벼운 알갱이가 그 위에 쌓이는데, 지층 내에서 위로 갈수록 알갱이의 크기가 작아지는 구조를 '점이 층리'라고 합니다.

또한, 지층을 관찰하면 지각 변동이 있었는지를 알 수 있습니다. 지층이 끊어졌거나 휘어진 모습은 퇴적물이 쌓인 후 큰 지각 변동이 있었음을 보여 줍니다.

----

❶ **산기슭**: 산의 비탈이 끝나는 산 아래의 평평한 부분.
❷ **지각 변동**: 지구 내부의 원인 때문에 지각이 움직여 모양이 달라진 것.
❸ **유추**: 알려진 사실과 비교하여 모르는 사실을 미루어 추측하는 일.
❹ **표면**: 사물의 가장 바깥쪽이나 가장 윗부분.
❺ **수심**: 강이나 바다, 호수 등의 물의 깊이.

1 이 글의 제목으로 가장 알맞은 것은 무엇인가요? ( )

① 지층의 종류

② 지층이 만들어지는 순서

③ 퇴적암에 나타난 퇴적 구조

④ 지각 변동에 따른 지층의 변형

⑤ 지층이 만들어지는 과정과 지층에서 알 수 있는 정보

2 이 글의 내용으로 옳지 <u>않은</u> 것은 무엇인가요? ( )

① 건열은 건조한 환경에서 형성된다.

② 사층리는 수심이 깊은 곳에서 진흙이 쌓여 형성된다.

③ 지층에 물결무늬가 남아 있는 구조를 연흔이라고 한다.

④ 지층 내에서 위로 갈수록 알갱이의 크기가 작아지는 구조를 점이 층리라고 한다.

⑤ 지층이 끊어졌거나 휘어진 모습에서 과거에 큰 지각 변동이 있었음을 알 수 있다.

3 다음 설명에 해당하는 낱말을 글에서 찾아 쓰세요.

> • 지층에서 층마다 경계를 짓는 줄무늬이다.
> • 보통 수평으로 나란하게 형성된다.

( )

4 지층이 만들어지는 과정의 순서에 맞게 번호를 쓰세요.

> • 오랜 시간이 지나면 단단한 지층이 된다. ( )
> • 퇴적물이 계속 쌓이면 먼저 쌓인 퇴적물이 눌린다. ( )
> • 물이 운반한 자갈, 모래, 진흙이 강의 하류나 바다 밑바닥에 쌓인다. ( )

5 다음 그림을 보고, 빈칸에 들어갈 알맞은 말을 쓰세요.

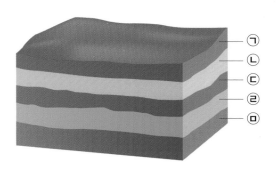

지각 변동이 없었다면, 지층의 아래에 있는 층이 위에 있는 층보다 (   ) 만들어진 것이다. 따라서 ㉠~㉤ 중 가장 오래된 층은 (   )이고, 가장 최근에 쌓인 층은 (   )이다.

6 지선이는 어떤 지역에서 다음 그림과 같은 퇴적 구조를 보았습니다. 지층이 퇴적될 당시의 환경으로 옳은 것은 무엇인가요? (   )

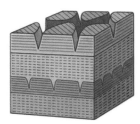

▲ 건열

① 습한 진흙이 건조한 환경에 노출되었다.
② 수심이 얕은 물 밑에서 물결의 영향을 받았다.
③ 사막에서 바람이 부는 방향으로 알갱이가 쌓였다.
④ 수심이 비교적 깊은 곳에서 크기가 다른 퇴적물이 쌓였다.
⑤ 수심이 얕은 곳에서 물이 흐르는 방향으로 알갱이가 쌓였다.

7 이 글의 내용을 잘못 이해한 친구의 이름을 쓰세요.

• 민성: 지층이 만들어지는 데에는 아주 오랜 시간이 걸려.
• 지원: 지층을 이루는 알갱이의 종류와 크기는 모두 같아.
• 영수: 퇴적암에 나타나는 퇴적 구조로 퇴적 당시의 환경을 알 수 있어.

(   )

퇴적암의 종류
지층을 이루는 퇴적암은 만들어진 원인에 따라 구분할 수 있습니다. 물, 바람의 작용으로 만들어지는 퇴적암을 쇄설성 퇴적암, 물의 증발이나 화학적 침전으로 만들어지는 퇴적암을 화학적 퇴적암, 생물의 유해나 단단한 몸체가 쌓여서 만들어지는 퇴적암을 유기적 퇴적암이라고 합니다.

1 다음 낱말의 뜻으로 알맞은 것을 바르게 선으로 이어 보세요.

(1) 수심 •

(2) 표면 •

(3) 유추 •

(4) 산기슭 •

• ㉠ 강이나 바다, 호수 등의 물의 깊이.

• ㉡ 산의 비탈이 끝나는 산 아래의 평평한 부분.

• ㉢ 사물의 가장 바깥쪽이나 가장 윗부분.

• ㉣ 알려진 사실과 비교하여 모르는 사실을 미루어 추측하는 일.

2 다음 사진을 보고 빈칸에 들어갈 알맞은 낱말을 보기 에서 찾아 쓰세요.

> 보기   격자무늬   물결무늬   빗금무늬

(1)

_____

(2)

_____

(3)

_____

3 다음 문장에서 밑줄 친 낱말이 어떤 뜻으로 사용되었는지 번호를 쓰세요.

걸리다

① 시간이 들다.
② 어떤 상태에 빠지게 되다.
③ 어떤 일을 하다가 도중에 들키다.

(1) 수업 시간에 꾸벅꾸벅 졸다가 선생님께 걸려서 꾸중을 들었다.   (   )

(2) 초보자가 이 일을 끝마치려면 세 시간 정도는 걸린다.   (   )

(3) 공주는 깊은 잠에 빠지는 마법에 걸렸다.   (   )

산꼭대기에서 조개 화석이 발견됐다고요?

정답 확인
하루한장 앱에서
학습 인증하고
하루템을 모으세요!

매체 독해 다음 인터넷 기사를 읽고, 물음에 답해 봅시다.

미래일보   뉴스홈 | 세계 | 정치 | 사회 | 경제 | **과학** | 스포츠 | 연예

진주 공룡 발자국, 천연기념물 지정

　문화재청은 '진주 정촌면 백악기 공룡·익룡 발자국 화석 산지'를 국가 지정 문화재 천연기념물로 지정했다고 밝혔습니다. 이 화석 산지는 약 1억 년 전 한반도에 살았던 동물의 생활 모습, 행동 양식과 당시 환경을 보여 주는 중요한 자료입니다.

　이곳은 발자국 화석 1만여 개가 발견되어 그 수가 많고, 발자국을 남긴 고생물의 종류가 다양하다는 평가를 받고 있습니다. 우리나라의 많은 공룡 발자국 화석 산지에서도 육식 공룡 발자국은 드물게 발견됩니다. 그런데 이곳에서는 육식 공룡은 물론 대형 초식 공룡의 발자국과 익룡, 악어, 거북 등 다양한 파충류의 발자국이 여러 층에 걸쳐 발견되어 고생태 연구 분야에서 주목을 받고 있습니다.

---

1 '진주 정촌면 백악기 공룡·익룡 발자국 화석 산지'에 대한 설명을 보기 에서 골라 기호를 쓰세요.

> **보기**   ㉠ 동식물의 몸체가 화석이 되었다.
> ㉡ 동물의 생활 흔적이 화석으로 나타났다.

(   )

2 이 기사 내용으로 옳은 것은 ○표, 옳지 않은 것은 ×표 하세요.

(1) 진주 정촌면 백악기 공룡·익룡 발자국 화석 산지는 천연기념물로 지정되었다.

(   )

(2) 진주 정촌면 부근에서 약 1억 년 전에 공룡뿐만 아니라 악어, 거북도 서식했음을 알 수 있다.   (   )

(3) 진주 정촌면 백악기 공룡·익룡 발자국 화석 산지에서 육식 공룡, 익룡, 파충류의 발자국은 발견되었지만, 초식 공룡의 발자국은 발견되지 않았다.   (   )

'화석'은 퇴적암 속에 아주 옛날에 살았던 생물의 몸체나 흔적이 남아 있는 것을 말합니다. 생물의 일부나 전체가 나타난 화석을 '체화석'이라 하고, 발자국이나 기어간 자국처럼 생물의 생활 흔적이 나타난 화석을 '흔적 화석'이라고 합니다.

히말라야산맥에서 암모나이트, 산호, 물고기와 같은 바다 생물의 화석이 발견되어 놀라움을 안겨 준 일이 있었습니다. 암모나이트는 조개의 하나로, 아주 오랜 옛날에 바다에서 살았던 생물입니다. 그런데 조개 화석이 히말라야산맥에서 발견된 까닭은 무엇일까요?

바다 생물이 죽으면 몸체가 바다의 바닥으로 가라앉습니다. 그리고 그 위에 모래와 진흙, 자갈 등의 퇴적물이 쌓입니다. 퇴적물이 계속 쌓여 지층이 만들어지고 그 속에 묻혔던 생물은 화석이 됩니다. 오랜 세월이 흘러 지각 변동이 일어나면 지층이 해수면 위로 높게 솟아오릅니다. 지층이 비와 바람에 깎이면서 화석이 드러나고 우리에게 발견됩니다. 옛날에는 히말라야산맥도 얕은 바다였는데, 바다를 사이에 둔 두 대륙이 충돌하면서 이 지역이 솟아올랐기 때문에 히말라야산맥에서 조개나 물고기 화석이 발견되는 것입니다.

화석이 잘 만들어지려면 몇 가지 조건을 ❶충족해야 합니다. 그 시대에 ❷번성한 생물이어야 하고, 죽은 생물의 몸체 위에 퇴적물이 빠르게 쌓여야 합니다. 또 생물의 연약한 조직은 ❸분해되어 사라지기 때문에 껍데기나 뼈 등 단단한 부분이 있어야 합니다. 이와 함께 돌처럼 딱딱해지거나 다른 물질로 바뀌는 등의 암석화 작용도 일어나야 합니다.

오랜 시간 동안 지층 속에 묻혀 있던 화석은 생물의 ❹진화 과정을 파악하는 단서가 됩니다. 화석 연구를 통해 여러 시대 동안 수많은 생물이 ❺멸종하거나 출현했음을 밝혀 낼 수 있습니다. 지층마다 남아 있는 생물의 화석을 통해서는 당시 생물의 모습뿐만 아니라 과거 지구의 환경을 이해할 수 있습니다.

----

❶ **충족**: 일정한 분량을 채우거나 넉넉하여 모자람이 없음.
❷ **번성**: 한창 왕성하게 일어나 퍼지는 것.
❸ **분해**: 여러 부분이 결합되어 이루어진 것을 그 낱낱으로 나눔.
❹ **진화**: 생물이 생명의 기원 이후부터 조금씩 변해 가는 현상.
❺ **멸종**: 생물의 한 종류가 아주 없어짐.

1 이 글의 중심 낱말은 무엇인지 쓰세요.

(   )

2 이 글에서 알 수 <u>없는</u> 내용은 무엇인가요?   (   )

① 화석의 종류   ② 화석에서 알 수 있는 정보
③ 화석의 시대별 특징   ④ 화석이 만들어지기 위한 조건
⑤ 화석이 만들어져 발견되는 과정

3 이 글의 주요 설명 방법으로 알맞은 것은 무엇인가요?   (   )

① 시간의 흐름에 따라 설명하고 있다.
② 사건을 공간의 이동에 따라 설명하고 있다.
③ 어떤 주제에 대한 주장과 근거를 제시하고 있다.
④ 두 가지의 다른 대상을 비교하여 설명하고 있다.
⑤ 하나의 화제에 대하여 다양한 측면에서 설명하고 있다.

4 다음 설명에 해당하는 화석을 골라 ○표 하세요.

생물의 생활 흔적이 나타난 화석

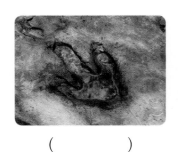      

(   )   (   )   (   )

5 화석이 만들어져 발견되는 과정의 순서에 맞게 번호를 쓰세요.

> • 지층이 깎이면서 화석이 드러난다.　　　　　　　　　　　（　　　　）
> • 바다 생물이 죽어 바다의 바닥으로 가라앉는다.　　　　　（　　　　）
> • 지각 변동이 일어나 지층이 해수면 위로 솟아오른다.　　（　　　　）
> • 퇴적물이 계속 쌓여 지층이 만들어지고 그 속에 묻혔던 생물은 화석이 된다.
> 　　　　　　　　　　　　　　　　　　　　　　　　　　（　　　　）

6 이 글을 읽고 히말라야산맥에서 조개 화석이 발견되는 까닭을 골라 ○표 하세요.

옛날에는 조개가 산에서 살았기 때문에 ☐	지각 변동으로 조개 화석이 묻힌 지층이 솟아올랐기 때문에 ☐	과거에 비가 많이 와서 조개가 바다에서 쓸려가 산으로 이동하였기 때문에 ☐

7 다음 빈칸에 들어갈 알맞은 말을 쓰세요.

> 　화석을 연구하면 여러 시대 동안 수많은 생물이 멸종하거나 출현했음을 밝혀낼 수 있어서 화석은 생물의 （　　　　　　　） 과정을 파악하는 단서가 된다. 또 지층마다 남아 있는 생물의 화석을 통해서 당시 생물의 모습뿐만 아니라 과거 지구의 （　　　　　　　）을/를 이해할 수 있다.

배경 +지식 넓히기

우리나라에서 가장 오래된 암석
우리나라에서 가장 오래된 암석을 보려면 인천광역시 옹진군의 대이작도라는 섬에 가야 합니다. 대이작도의 바닷가에는 검은색 띠가 선명하게 새겨져 있는 얼룩무늬 갯바위가 있습니다. 이 암석은 우리나라에서 가장 오래되었으며, 나이가 약 25억 살이라고 알려져 있습니다.

1 다음의 뜻을 가진 낱말을 보기 에서 찾아 쓰세요.

> 보기 　　　번성　　　멸종　　　진화　　　충족

(1) 생물의 한 종류가 아주 없어짐. 　　　　　　　　　　　　(　　　　　)

(2) 한창 왕성하게 일어나 퍼지는 것. 　　　　　　　　　　　(　　　　　)

(3) 일정한 분량을 채우거나 넉넉하여 모자람이 없음. 　　　(　　　　　)

(4) 생물이 생명의 기원 이후부터 조금씩 변해 가는 현상. 　(　　　　　)

2 다음 문장에 들어갈 알맞은 낱말을 골라 ○표 하세요.

(1)　{ 시금치를 맛있게 (묻혀 / 무쳐) 점심 도시락을 준비했다.
　　　오랫동안 땅속에 (묻혀 / 무쳐) 있었던 유물이 발견되었다.

(2)　{ 태풍이 오는 바람에 여행 계획에 (변동 / 변종)이 생겼다.
　　　올해에는 (변동 / 변종) 바이러스 때문에 감기가 크게 유행할 것이다.

(3)　{ 새로 산 의자는 조립식이라 조립과 (분해 / 분포)가 모두 가능하다.
　　　버스 노선의 (분해 / 분포)를 보면 우리 지역의 교통망을 알 수 있다.

3 다음 뜻풀이에 해당하는 낱말을 주어진 초성을 참고하여 쓰세요.

(1) 어떤 현상이나 실체가 지나간 뒤에 남는 자국이나 자취.

| ㅎ | ㅈ | → |　　　　　|

(2) 문제를 해결하는 방향으로 이끌어 가는 일의 첫 부분.

| ㄷ | ㅅ | → |　　　　　|

(3) 발로 밟은 자리에 남은 모양.

| ㅂ | ㅈ | ㄱ | → |　　　　　|

(4) 바닷물의 표면.

| ㅎ | ㅅ | ㅁ | → |　　　　　|

석탄과 석유는 어떻게 만들어질까요?

 **매체 독해** 다음 인터넷 자료를 보고, 물음에 답해 봅시다.

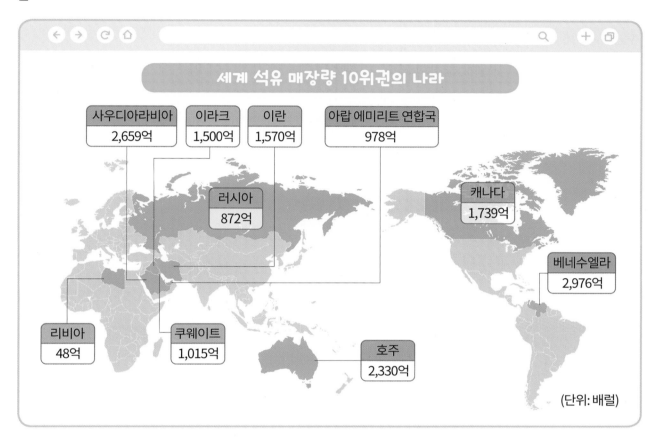

세계 석유 매장량 10위권의 나라

나라	매장량
사우디아라비아	2,659억
이라크	1,500억
이란	1,570억
아랍 에미리트 연합국	978억
러시아	872억
캐나다	1,739억
베네수엘라	2,976억
리비아	48억
쿠웨이트	1,015억
호주	2,330억

(단위: 배럴)

1 세계에서 석유가 가장 많이 매장되어 있는 나라는 어디인지 쓰세요.

(   )

2 이 인터넷 자료를 잘못 이해한 친구의 이름을 쓰세요.

- 연석: 러시아보다 캐나다의 석유 매장량이 더 많아.
- 송화: 우리나라도 세계 석유 매장량 10위권 나라에 포함되는구나.
- 희주: 사우디아라비아는 세계에서 두 번째로 석유가 많이 매장되어 있네.

(   )

우리는 화석을 통해 옛날에 살았던 생물이나 당시 그 지역의 환경을 알 수 있습니다. 그리고 화석은 우리 생활에서 유용하게 이용되기도 합니다. 그 대표적인 예가 석탄과 석유인데, 우리는 석탄과 석유를 연료로 이용하고 있어 이를 '화석 연료'라고 부릅니다. 즉, '화석 연료'란 오래 전 지구에 살았던 동식물의 유해 등이 지하에 쌓여 생성된 에너지 자원입니다. 그렇다면 석탄과 석유는 어떻게 만들어졌을까요?

석탄은 아주 오랜 옛날에 울창한 숲을 이루었던 ❶습지의 식물이 땅속에 묻히고 그 위에 퇴적물이 쌓여 만들어졌습니다. 오랫동안 퇴적물이 쌓이면 식물이 묻혀 있는 층은 열과 압력을 받아 눌리면서 물과 산소, 수소 등은 대부분 빠져나가고 탄소 성분이 주로 남게 되는데, 이것이 단단해진 것이 석탄입니다. 석탄은 현재 약 100여 개 이상의 국가에서 ❷채굴되고 있습니다.

석유가 만들어지는 과정에 대해서는 여러 가지 이론이 있으나 주로 바다 표면 근처에 살았던 작은 생물인 플랑크톤이 땅속에 묻힌 뒤 열과 압력을 받아 만들어진다고 알려져 있습니다. 플랑크톤이 죽어 땅속에 묻히면 그 위에 진흙 등의 퇴적물이 계속 쌓여 오랫동안 높은 열과 압력을 받아 단단한 암석으로 바뀝니다. 그래서 석유를 채굴하려면 ❸시추 장비로 바다 밑 암석층을 뚫는 작업이 필요합니다. 석유는 자연에서 액체 상태로 산출되며, 주로 탄소, 수소로 이루어져 있고 질소, 산소 등의 불순물도 소량 포함되어 있습니다.

이처럼 화석 연료가 만들어지려면 아주 오랜 시간이 걸립니다. 화석 연료의 양은 한정되어 있는데 소비량은 계속 증가하고 있습니다. 지금과 같이 화석 연료를 사용하면 화석 연료가 점점 ❹고갈될 것입니다. 이를 대비하여 친환경적이면서도 고갈되지 않는 ❺대체 자원 개발이 필요한 상황입니다.

---

❶ **습지**: 습기가 많은 축축한 땅.
❷ **채굴**: 땅을 파고 땅속에 묻혀 있는 것을 캐냄.
❸ **시추**: 땅속 깊이 구멍을 파는 일.
❹ **고갈**: 어떤 일의 바탕이 되는 자원 따위가 다하여 없어지는 것.
❺ **대체**: 다른 것으로 대신하는 것.

 배경 +지식 넓히기

화석 연료를 대체하는 신·재생 에너지
신에너지는 재생은 안 되지만 기존에 없던 새로운 에너지로, 수소 에너지, 연료 전지 등이 있습니다. 재생 에너지는 자연을 이용하거나 폐기물을 재활용하는 등 재생이 가능한 에너지로, 풍력 에너지, 수력 에너지, 태양 에너지, 폐기물 에너지 등이 있습니다.

1 이 글에서 설명하고 있는 화석 연료 두 가지를 쓰세요.

(   )

2 이 글의 제목으로 가장 알맞은 것은 무엇인가요? (   )

① 화석 연료의 고갈   ② 석탄과 석유의 가격

③ 화석 연료의 대체 자원   ④ 석탄과 석유가 만들어지는 과정

⑤ 석탄과 석유가 매장되어 있는 나라

3 석탄을 이루고 있는 주요 성분은 무엇인가요? (   )

① 물   ② 산소   ③ 수소   ④ 질소   ⑤ 탄소

4 다음은 석유가 만들어져 채굴되는 과정을 순서대로 나열한 것입니다. 알맞지 <u>않은</u> 것은 무엇인가요? (   )

① 바다 표면 근처에 살았던 플랑크톤이 죽어서 땅속에 묻힌다. → ② 그 위로 진흙 등 퇴적물이 계속 쌓인다. →

③ 높은 열과 압력을 받아 단단한 암석으로 바뀐다. → ④ 시추 장비로 암석층을 뚫어 석유를 채굴한다. →

⑤ 고체 상태의 석유를 녹여 액체 상태의 석유를 얻는다.

5 이 글을 읽고 알맞지 <u>않은</u> 반응을 한 친구의 이름을 쓰세요.

- 솔아: 석유를 채굴하려면 특별한 장비가 필요해.
- 종현: 석탄과 석유는 모두 고갈되어서 더 이상 사용할 수가 없네.
- 진영: 석탄은 오래 전에 살았던 식물이 땅속에 묻혀서 만들어졌구나.

(   )

1 다음 낱말의 뜻으로 알맞은 것을 바르게 선으로 이어 보세요.

(1) 고갈 •

(2) 대체 •

(3) 시추 •

(4) 채굴 •

• ㉠ 다른 것으로 대신하는 것.

• ㉡ 땅속 깊이 구멍을 파는 일.

• ㉢ 땅을 파고 땅속에 묻혀 있는 것을 캐냄.

• ㉣ 어떤 일의 바탕이 되는 자원 따위가 다하여 없어지는 것.

2 다음 문장에 들어갈 알맞은 낱말을 골라 ○표 하세요.

우리나라 서해안은 모래와 진흙이 바닷가에 (퇴적 / 퇴직)되어 만들어진 갯벌이 유명하다. 갯벌에서 사는 낙지에는 단백질, 칼륨 등 몸에 좋은 (성분 / 성숙)이 풍부한데 이는 몸에 쌓인 독소를 (배포 / 배출)하는 데 효과가 있다고 한다.

3 다음 빈칸에 들어갈 말의 뜻을 보고, 알맞은 낱말을 보기 에서 찾아 쓰세요.

보기   연료   매장   압력   산출

(1) 그 나라는 세계적인 석유 _____ 국가이다.
  └ 어떤 것이 생산되어 나옴.

(2) 태백은 우리나라 최대의 석탄 _____ 지역이었다.
  └ 지하자원 따위가 땅속에 묻혀 있음.

(3) 비행기가 미국까지 가려면 많은 _____ 이/가 필요하다.
  └ 태워서 에너지를 얻을 수 있는 물질.

(4) 이 벽돌은 높은 _____ 에도 잘 견딜 수 있다고 한다.
  └ 누르거나 미는 힘.

백두산이 폭발하면 어떻게 될까요?

 **매체 독해** 다음 신문 기사를 읽고, 물음에 답해 봅시다.

미래일보　　　　　　　　　　　　　　　20○○년 ○○월 ○○일 ○요일

점점 가까워지는 백두산 폭발

백두산이 엄청난 규모로 폭발할 것이라는 전망이 나왔다. 최근 수년간 백두산 근처에서 일어나는 조짐이 심상치 않다는 것이다. □□□ 교수에 따르면 백두산 천지 외륜산의 높이가 지난해부터 점점 높아지고 있다고 한다. 또한, 백두산 근처에서 발생하는 지진의 횟수가 늘어나고 있고, 온천수의 온도도 올랐다고 한다. 1990년대에 69 ℃이던 온천수가 최근에는 최고 83 ℃까지 뜨거워졌다. 산의 높이나 온천수 온도의 상승은 화산 폭발 전의 징후이다. 이는 지하에 있는 뜨거운 마그마의 활동이 계속 위로 올라오고 있음을 뜻한다.

백두산 화산 폭발 가능성은 항상 열려 있다. 전문가들은 미국의 옐로스톤, 일본의 후지산과 함께 백두산을 위험한 산으로 꼽고 있다. 우리는 그저 화산 폭발이 언제 일어날지 그 시기를 모를 뿐이다.

＊**외륜산**: 화산에서 중앙의 분화구를 둘러싸고 있는 산.

1 다음 빈칸에 알맞은 말을 넣어 이 글의 주제를 쓰세요.

백두산의 (　　　　　　　　　) 가능성

2 백두산이 폭발할 수도 있다는 주장의 근거로 알맞지 <u>않은</u> 것은 무엇인가요? (　　　　)

① 전문가들이 백두산을 위험하게 보고 있다.

② 백두산 천지 외륜산의 높이가 점점 낮아지고 있다.

③ 백두산 근처에서 지진이 발생하는 횟수가 늘어나고 있다.

④ 지하에 있는 뜨거운 마그마의 활동이 계속 위로 올라오고 있다.

⑤ 1990년대에는 69 ℃이던 온천수가 최근에는 83 ℃까지 뜨거워졌다.

지난 2010년에 아이슬란드의 에이야프야틀라이외쿠틀 화산이 폭발했습니다. 그 결과 여러 달 동안 ❶화산재가 유럽 전역으로 퍼져 나가면서 유럽은 항공 ❷대란을 겪었습니다. 2021년에는 일본의 스와노세 섬의 화산이 크게 폭발하여 연기가 ❸상공 3,000 m 정도까지 솟는 ❹분화가 몇 달 동안 이어지기도 했습니다. 이탈리아의 베수비오 화산은 79년의 대분화로 폼페이를 비롯한 여러 도시가 순식간에 파괴된 참사로 유명합니다.

한반도에서도 백두산이 폭발할 수도 있다는 일부 학자들의 견해가 있습니다. 백두산은 과거에는 활동을 하였지만 지금은 활동하지 않아 휴화산으로 분류되었습니다. 하지만 현재 백두산은 화산 폭발의 위험을 안고 있는 ❺활화산으로 분류되고 있습니다. 백두산 근처에서 발생하는 지진 횟수가 증가하고 있고, 산 정상부에서 화산 가스의 농도가 높아지고 있으며, 천지 주변의 온천수 온도가 올라가는 등 화산 폭발의 징후가 나타나고 있기 때문입니다.

만약 백두산이 폭발한다면 어떤 일이 생길까요? 백두산 천지에 있는 약 20억 톤의 차가운 물과 1,000 ℃가 넘는 ❻마그마가 만나면 마그마가 갑자기 식으면서 엄청난 양의 화산재가 발생할 것입니다. 이 화산재는 바람을 타고 우리나라와 북한을 포함해 중국, 러시아, 일본에 비처럼 내릴 수 있습니다. 또 산불이 날 것이고, 용암이 흘러 마을을 덮치고, 천지의 물이 흘러넘쳐 홍수가 나면 마을에 큰 피해가 발생할 것입니다. 도로, 댐, 전기 등의 시설이 마비되고 토양 침식, 기후 변화에 의한 생태계 ❼교란이 일어날 수도 있습니다. 화산 가스에 섞여 있는 유독성 물질이 대기와 물을 오염시켜 호흡기 질환 등의 질병을 유발할 가능성도 큽니다.

이처럼 백두산 폭발은 큰 재앙이 될 수도 있으므로 평소에 관심을 갖고 대비해야 합니다. 화산 폭발의 규모와 시기를 정확히 예측하는 것은 쉽지 않기 때문에 충분한 사전 조사와 연구가 필요합니다. 화산 재해로 인한 피해를 최대한 줄일 수 있도록 다양한 분야의 전문가들이 협력하여 지속적으로 연구해야 합니다.

----

❶ **화산재**: 화산이 분출할 때 나오는 물질 중 크기가 2 mm 정도의 작은 알갱이.
❷ **대란**: 크게 일어난 난리.
❸ **상공**: 어떤 지역 위의 높은 하늘.
❹ **분화**: 화산이 폭발할 때 가스, 수증기, 화산재, 용암 등을 내뿜음.
❺ **활화산**: 현재 분출하고 있거나 분출할 것으로 예상되는 화산.
❻ **마그마**: 땅속 깊은 곳에 있는 반액체 상태인 뜨거운 물질.
❼ **교란**: 뒤흔들어서 어지럽고 혼란하게 하는 것.

1 이 글의 주요 설명 방법으로 알맞은 것은 무엇인가요? ( )

① 공간을 이동해 가면서 설명하고 있다.

② 시간이 흐르는 순서에 따라 설명하고 있다.

③ 어떤 주제에 대한 주장과 근거를 제시하고 있다.

④ 서로 다른 두 대상의 공통점과 차이점을 설명하고 있다.

⑤ 해결해야 할 문제와 그에 대한 해결 방법을 제시하고 있다.

2 이 글에서 글쓴이가 주장하는 내용으로 가장 알맞은 것은 무엇인가요? ( )

① 백두산은 곧 폭발할 위험이 있는 화산이다.

② 백두산을 휴화산으로 분류해서는 안 된다.

③ 백두산이 폭발하기 전에 주변 나라에 위험성을 알려야 한다.

④ 다른 나라의 화산 폭발 사례를 백두산에 적용하여 연구해야 한다.

⑤ 백두산이 폭발한다면 큰 재앙이 될 수 있으니 이에 관심을 갖고 대비해야 한다.

3 이 글의 내용으로 옳은 것은 ○표, 옳지 않은 것은 ×표 하세요.

(1) 79년 베수비오 화산 폭발로 여러 도시가 순식간에 파괴되었다. ( )

(2) 2021년 스와노세 섬의 화산 폭발로 연기가 상공 약 3,000 m까지 솟았다. ( )

(3) 2010년 에이야프야틀라이외쿠틀 화산 폭발로 화산재가 퍼져 나가 우리나라도 항공 대란을 겪었다. ( )

4 최근에 백두산 폭발을 걱정하는 까닭으로 알맞은 것은 무엇인가요? ( )

① 과거에 폭발했던 적이 있기 때문에

② 화산 폭발의 징후가 나타나고 있기 때문에

③ 다른 나라의 화산이 활발하게 활동하기 때문에

④ 백두산 폭발의 규모와 시기가 예측되었기 때문에

⑤ 화산 폭발에 대한 사람들의 관심이 부족하기 때문에

5 다음 빈칸에 공통으로 들어갈 알맞은 말을 쓰세요.

> 백두산 천지에 있는 약 20억 톤의 차가운 물과 1,000 ℃가 넘는 마그마가 만나면 엄청난 양의 (   )이/가 발생할 것이고, 우리나라와 북한은 물론 중국, 러시아, 일본에도 (   )이/가 비처럼 내릴 수도 있다.

(   )

6 백두산 폭발로 나타날 수 있는 문제점이 <u>아닌</u> 것은 무엇인가요? (   )

① 생태계 교란   ② 호흡기 질환 발생

③ 산불과 홍수의 발생   ④ 천지 주변의 온천수 온도 증가

⑤ 도로, 댐, 전기 등 시설의 마비

7 백두산 폭발에 대비하는 방법을 바르게 말한 친구는 누구인가요? (   )

① 미수: 백두산이 언제 폭발할지 몰라서 너무 불안하고 무서워.

② 시윤: 백두산 폭발 시기를 예측하고 대비하는 일은 과학자가 맡아야 해.

③ 원석: 백두산이 언제 폭발할지 모른다고 하는데, 내 생각에는 그럴 일은 없을 것 같아.

④ 하루: 백두산은 언제 폭발할지 모르니까 평소에 관심을 갖고 대비하는 자세를 가져 야 해.

⑤ 준서: 백두산은 북한에 있으니까 화산이 폭발해도 우리나라에는 큰 영향이 없을 것 같아.

화산 폭발로 사라진 도시, 폼페이

베수비오 화산은 이탈리아 나폴리 근처에 있는 화산입니다. 79년 8월에 일어난 화산 폭발로 18시간 만에 당시 고대 로마의 도시인 폼페이가 잿더미가 되어 사라졌습니다. 화산재와 용암에 묻혀 있던 폼페이는 1748년에 발굴되면서 세상에 모습을 드러내었습니다.

1 다음의 뜻을 가진 낱말을 보기 에서 찾아 쓰세요.

> 보기   교란   대란   분화   상공

(1) 크게 일어난 난리.   (   )

(2) 어떤 지역 위의 높은 하늘.   (   )

(3) 뒤흔들어서 어지럽고 혼란하게 하는 것.   (   )

(4) 화산이 폭발할 때 가스, 수증기, 화산재, 용암 등을 내뿜음.   (   )

2 다음 빈칸에 들어갈 말의 뜻을 보고, 알맞은 낱말을 보기 에서 찾아 쓰세요.

> 보기   용암   마그마   화산재

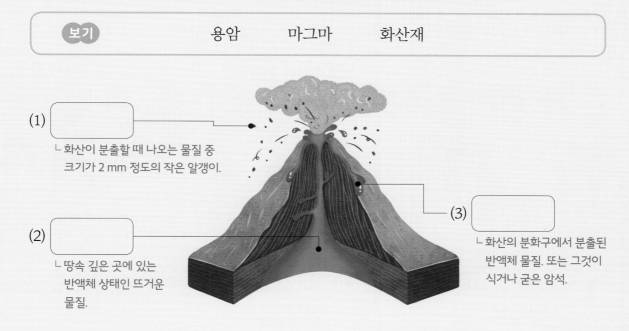

(1) [　　　]
   ┗ 화산이 분출할 때 나오는 물질 중
      크기가 2 mm 정도의 작은 알갱이.

(2) [　　　]
   ┗ 땅속 깊은 곳에 있는
      반액체 상태인 뜨거운
      물질.

(3) [　　　]
   ┗ 화산의 분화구에서 분출된
      반액체 물질. 또는 그것이
      식거나 굳은 암석.

3 다음 보기 에 제시된 낱말의 뜻을 보고, 빈칸에 들어갈 알맞은 낱말을 찾아 쓰세요.

> 보기   • 과연: 아닌 게 아니라 정말로.
>   • 만약: 혹시 있을지도 모르는 뜻밖의 경우에.
>   • 설령: (주로 부정적인 뜻과 함께 쓰여) 가정해서 말하여.

(1) _____ 이번 일이 안된다고 하더라도 너무 실망하지는 마라.

(2) _____ 오늘 밤에 하늘에서 별똥별이 떨어질지 궁금하다.

(3) _____ 내일 그를 만난다면 내 마음을 고백해야겠다.

지진을 미리 알 수 있을까요?

 **매체 독해** 다음 안내문을 보고, 물음에 답해 봅시다.

지진 발생 시 장소별 행동 요령

집 안에 있을 경우

탁자 아래로 들어가 몸을 보호합니다. 흔들림이 멈추면 전기와 가스를 차단하고 문을 열어 출구를 확보합니다.

집 밖에 있을 경우

가방이나 손으로 머리를 보호하며, 건물과 거리를 두고 넓은 공간으로 대피합니다.

엘리베이터에 있을 경우

모든 층의 버튼을 눌러 가장 먼저 열리는 층에서 내린 후 계단을 이용하여 이동합니다.

교실에 있을 경우

책상 아래로 들어가 책상 다리를 꼭 잡습니다. 흔들림이 멈추면 질서를 지키며 운동장으로 대피합니다.

백화점, 마트에 있을 경우

머리를 보호하고, 계단이나 기둥 근처로 갑니다. 흔들림이 멈추면 밖으로 대피합니다.

극장, 경기장 등에 있을 경우

흔들림이 멈출 때까지 머리를 보호하면서 자리에 있다가 안내에 따라 침착하게 대피합니다.

＊출처: 국민재난안전포털

1 지진 발생 시 머리를 보호하고, 건물에서 떨어져 넓은 공간으로 대피해야 하는 장소는 어디인가요?   (   )

① 집 밖   ② 집 안   ③ 학교   ④ 엘리베이터   ⑤ 백화점, 마트

2 지진 발생 시 행동 요령으로 알맞은 것은 ○표, 알맞지 않은 것은 ×표 하세요.

(1) 교실에서는 책상 아래로 들어가 있다가 흔들림이 멈추면 운동장으로 대피한다.

(   )

(2) 백화점이나 마트에서는 머리를 보호하면서 계단과 기둥을 피해 넓은 공간으로 대피한다.

(   )

2004년 12월 인도네시아 수마트라섬에서 지진이 발생했습니다. 20만 명이 넘는 사람들이 목숨을 잃은 이 지진은 규모 9.1을 기록했습니다. 규모는 지진의 세기를 나타내는 단위이며, 규모의 숫자가 클수록 강한 지진입니다. 지금까지 기록된 지진 중 가장 강력했던 지진은 1960년 5월 칠레에서 발생한 규모 9.5의 지진으로, 높이 25 m의 ㉠**①**쓰나미가 바닷가를 덮쳤습니다.

지진은 왜 발생할까요? 지진은 지층이 지구 내부의 힘을 오랫동안 받아 에너지를 내뿜으면서 흔들리거나 끊어지며 발생합니다. 화산이 폭발하거나 지하 동굴이 **②**함몰될 때에도 지진이 발생할 수 있습니다.

지진으로 땅이 흔들릴 때 지진의 진동을 자동으로 기록하는 기계를 '지진계'라고 합니다. 지진계를 통해서 우리는 지진의 방향과 세기를 알 수 있습니다. 하지만 지진계로 지진을 예측할 수는 없는데 그 까닭은 땅속에서 일어나는 변화를 관측하는 것은 힘들기 때문입니다.

하지만 몇 초라도 빨리 사람들에게 지진을 미리 알릴 수 있는 방법이 있습니다. 지진이 일어나면 **③**지진파가 발생하는데, 이때 속도가 빠른 P파가 먼저 도착하고 속도가 느린 S파가 나중에 도착합니다. 지진 조기 **④**경보 시스템은 P파와 S파의 속도 차이를 이용하는데, P파를 먼저 감지해서 S파가 도달하기 전에 지진 발생을 미리 알리는 원리입니다. 이 시스템은 P파보다 S파의 **⑤**파괴력이 더 강하므로 효과적인 방법이 될 수 있습니다. S파가 도착하기 전에 지진 경보가 울리면 사람들이 대피할 시간이 **⑥**확보되어 인명 피해를 줄일 수 있습니다.

만약 실제 지진이 발생한다면 어떻게 대처해야 할까요? 집 안에 있다면 우선 가스 불을 끄고 가스 밸브를 잠근 후 책상이나 식탁 아래에 들어가 머리를 보호해야 합니다. 흔들림이 멈추면 문을 열어 밖으로 빠져나갈 수 있는 출구를 확보하고 작동이 멈출 수도 있는 엘리베이터가 아닌 계단을 이용해 밖으로 대피합니다. 엘리베이터 안에 있을 경우에는 모든 층의 버튼을 눌러 가장 먼저 열리는 층에서 내립니다. 건물 밖에서는 머리를 보호하면서 건물이나 담장에서 멀리 떨어져야 하고 운동장과 같은 넓은 공간이나 지진 대피소로 대피해야 합니다.

----

① **쓰나미**: 지진 때문에 바다 밑바닥에 지각 변동이 생겨서 발생하는 해일.
② **함몰**: 물속이나 땅속에 빠짐.
③ **지진파**: 지진이 발생할 때 생긴 진동이 다른 곳으로 퍼져 나가는 것.
④ **경보**: 위험이 닥쳐올 때 주의하고 조심하라고 미리 알리는 일.
⑤ **파괴력**: 부수거나 무너뜨리는 힘.
⑥ **확보**: 확실하게 차지함.

1 이 글에서 알 수 있는 내용이 <u>아닌</u> 것을 골라 ○표 하세요.

지진 발생 시 대피 요령	지진으로 인한 피해 사례	지진계를 이용하는 방법	지진 조기 경보 시스템의 원리
☐	☐	☐	☐

2 다음 설명에 해당하는 낱말을 글에서 찾아 쓰세요.

> • 지진의 세기를 나타내는 단위이다.
> • 숫자가 클수록 강한 지진을 의미한다.

(   )

3 ㉠과 바꾸어 쓰기에 알맞은 낱말은 무엇인가요? (   )

① 번개   ② 태풍   ③ 홍수
④ 산사태   ⑤ 지진 해일

4 다음 빈칸에 들어갈 알맞은 말을 쓰세요.

> 지진이 일어나면 지진파가 발생하는데, 이때 속도가 빠른 (   )이/가 먼저 도착하고 속도가 느린 (   )이/가 나중에 도착한다. 지진 조기 경보 시스템은 이 두 지진파의 속도 차이를 이용한다.

5 지진 조기 경보 시스템을 개발한 근본적인 까닭은 무엇인가요? ( )

① 지진 대피 요령을 널리 알리기 위해서

② 지진의 규모를 정확하게 예측하기 위해서

③ 지진계보다 지진을 더 빨리 예측하기 위해서

④ 지진 경보를 통해 인명 피해를 줄이기 위해서

⑤ 지진이 일어나는 방향을 정확하게 측정하기 위해서

6 다음 중 지진 발생 시 대피 요령으로 알맞지 <u>않은</u> 것은 무엇인가요? ( )

①

②

③

④

⑤

7 이 글의 내용을 <u>잘못</u> 이해한 친구의 이름을 쓰세요.

- 진성: 지진계를 통해 지진을 예측할 수 있어.
- 지희: 지진은 화산이 폭발할 때에도 발생할 수 있어.
- 건호: 몇 초라도 빨리 사람들에게 지진을 미리 알릴 수 있는 방법이 있어.
- 유정: 지진은 지층이 지구 내부의 힘을 받아 에너지를 내뿜으면서 발생하는구나.

( )

지진을 예측하는 동물의 감각
동물의 감각은 사람보다 더 많이 발달되어 있어 지진이 발생하면 미세한 땅의 변화를 느끼고 빠르게 대피할 수 있다고 합니다. 과학자들은 동물의 이러한 행동을 연구해 지진을 예측하려고 노력하고 있습니다.

1 다음의 뜻을 가진 낱말을 보기 에서 찾아 쓰세요.

> 보기   경보   쓰나미   지진파   파괴력

(1) 부수거나 무너뜨리는 힘.   (   )

(2) 위험이 닥쳐올 때 주의하고 조심하라고 미리 알리는 일.   (   )

(3) 지진이 발생할 때 생긴 진동이 다른 곳으로 퍼져 나가는 것.   (   )

(4) 지진 때문에 바다 밑바닥에 지각 변동이 생겨서 발생하는 해일. (   )

2 다음 문장에 들어갈 알맞은 낱말을 골라 ○표 하세요.

(1) ｛ 기상청에서는 태풍의 (발상 / 발생)을 미리 관측한다.
　　 이 그림은 예술에 대한 독특한 (발상 / 발생)을 보여 준다.

(2) ｛ 주택가 근처에 공간을 (확보 / 확장)하여 공원을 만들기로 하였다.
　　 이모는 새로 시작한 장사가 잘 되자 가게를 (확보 / 확장)하기로 하였다.

3 다음 뜻풀이에 해당하는 낱말을 주어진 초성을 참고하여 쓰세요.

(1) 느끼어 앎.　　　　　　　　　　　　　　ㄱ　ㅈ　→ [   ]

(2) 사람의 목숨.　　　　　　　　　　　　　ㅇ　ㅁ　→ [   ]

(3) 힘이나 영향이 강함.　　　　　　　　　　ㄱ　ㄹ　→ [   ]

(4) 비상시에 대피할 수 있도록 만들어 놓은 곳.　ㄷ　ㅍ　ㅅ　→ [   ]

주제1. 지구의 변화

가로세로 퍼즐을 완성하며, **주제1**에서 공부한 용어의 뜻을 다시 한번 떠올려 봐요.

가로 열쇠

❶ 지구 내부의 원인 때문에 지각이 움직여 모양이 달라진 것.

❷ 부수거나 무너뜨리는 힘.

❸ 화산의 분화구에서 분출된 마그마. 또는 그것이 식거나 굳은 암석.

❺ 지진 때문에 바다 밑바닥에 지각 변동이 생겨서 발생하는 해일. **비슷** 지진 해일

❻ 화산이 분출할 때 나오는 물질 중 크기가 2 mm 정도의 작은 알갱이.

❽ 현재 분출하고 있거나 분출할 것으로 예상되는 화산.

⓫ 확실하게 차지함.

세로 열쇠

❶ 지진이 발생할 때 생긴 진동이 다른 곳으로 퍼져 나가는 것.

❹ 조개의 하나로, 아주 오랜 옛날에 바다에서 살았던 생물.

❻ 오래 전 지구에 살았던 동식물의 유해 등이 지하에 쌓여 생성된 에너지 자원.

❼ 화산이 폭발할 때 가스, 수증기, 화산재, 용암 등을 내뿜음.

❾ 산의 비탈이 끝나는 산 아래의 평평한 부분.

❿ 위험이 닥쳐올 때 주의하고 조심하라고 미리 알리는 일. **예** 비상□□가 울리다.

주제

2

물체의 무게

 이번 주에 공부할 내용에 대한
주간 학습 계획을 세워 보세요.

	공부할 내용	교과 연계	공부한 날	스스로 평가
1장	용수철저울로 무게를 측정해요		월 일	😫 😋 😍
2장	질량과 무게는 다른가요?	과학 4-1 [물체의 무게]	월 일	😫 😋 😍
3장	시소의 수평 잡기		월 일	😫 😋 😍
4장	저울의 종류		월 일	😫 😋 😍

1장 용수철저울로 무게를 측정해요

 다음 인터넷 검색 자료를 보고, 물음에 답해 봅시다.

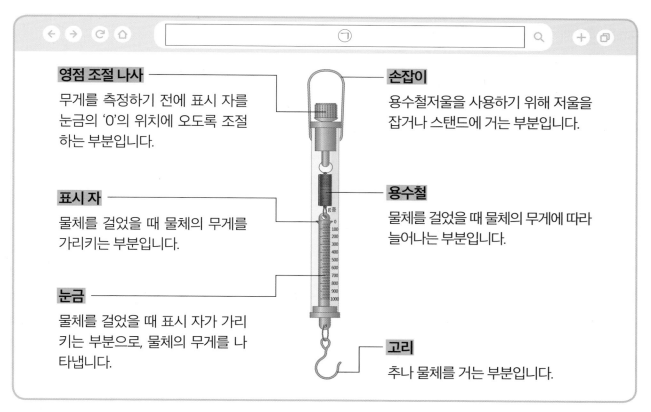

영점 조절 나사
무게를 측정하기 전에 표시 자를 눈금의 '0'의 위치에 오도록 조절하는 부분입니다.

표시 자
물체를 걸었을 때 물체의 무게를 가리키는 부분입니다.

눈금
물체를 걸었을 때 표시 자가 가리키는 부분으로, 물체의 무게를 나타냅니다.

손잡이
용수철저울을 사용하기 위해 저울을 잡거나 스탠드에 거는 부분입니다.

용수철
물체를 걸었을 때 물체의 무게에 따라 늘어나는 부분입니다.

고리
추나 물체를 거는 부분입니다.

1 ㉠에 들어갈 자료의 검색 내용으로 알맞은 것을 골라 ○표 하세요.

용수철저울의 눈금 읽기	용수철저울로 무게 재기	용수철저울의 사용 순서 알기	용수철저울 각 부분의 이름과 역할 알기
☐	☐	☐	☐

2 용수철저울에서 서로 관련이 있는 것끼리 바르게 선으로 이어 보세요.

(1) 스탠드에 용수철저울을 거는 부분. • • ㉠ 고리

(2) 무게를 재려는 물체를 거는 부분. • • ㉡ 손잡이

(3) 표시 자를 눈금 '0'에 맞추는 부분. • • ㉢ 영점 조절 나사

　용수철은 철사를 나선 모양으로 감아서 만든 것으로, 용수철에 물체를 매달면 용수철의 길이가 늘어납니다. 이때 용수철에 걸어 놓은 물체의 무게가 ❶일정하게 늘어나면 용수철의 길이도 일정하게 늘어납니다. 용수철저울은 물체의 무게에 따라 용수철이 늘어나거나 줄어드는 ❷성질을 이용해 만든 물체의 무게를 ❸재는 기구입니다. 우리는 과학 시간에 용수철저울로 추나 여러 가지 물체의 무게를 잽니다.

　용수철저울의 사용 방법을 알아봅시다. 먼저 스탠드에 용수철저울을 겁니다. 물체의 무게를 정확하게 재기 위해서는 물체를 고리에 걸기 전에 영점 조절 나사를 조절하여 표시 자의 위치를 ❹눈금 '0'에 맞추어야 합니다. 그다음 용수철저울의 아래쪽에 있는 고리에 물체를 걸고, 표시 자가 움직임을 멈추면 표시 자가 가리키는 눈금의 숫자를 단위와 같이 읽습니다. 이때 눈금을 읽는 사람의 눈높이를 표시 자의 높이에 맞춥니다.

　용수철저울은 저울 속에 들어 있는 용수철의 종류에 따라 무게를 잴 수 있는 ❺범위가 정해져 있습니다. 용수철저울에 너무 가벼운 물체를 매달면 용수철의 길이 변화가 거의 없어 무게를 재기 어렵습니다. 반대로 용수철저울에 표시된 최대 눈금보다 무거운 물체를 매달면 용수철의 길이가 너무 많이 늘어나서 저울의 눈금을 ❻벗어나기 때문에 무게를 잴 수가 없습니다. 그리고 용수철이 늘어난 채로 다시 줄어들지 않아 저울이 고장이 날 수도 있습니다. 따라서 물체의 무게를 재기 전에 용수철저울이 잴 수 있는 무게의 범위를 확인해야 합니다.

　물체를 손으로 들어 보면 어느 물체가 더 무겁고 가벼운지 ❼어림은 할 수 있지만 물체의 무게가 얼마인지 정확하게 알 수 없습니다. 또한 사람마다 느끼는 물체의 무게가 다를 수 있습니다. 물체의 무게를 정확하게 알기 위해서 사람들은 용수철저울과 같은 저울을 사용합니다.

----

❶ **일정하다**: 크기 등이 어느 하나로 정해져 있음.
❷ **성질**: 한 사물이나 현상이 가지고 있는 다른 것과 구별되는 특징.
❸ **재다**: 자나 저울을 이용하여 길이, 너비, 무게 등의 정도를 알아봄.
❹ **눈금**: 자나 저울 등에 물건의 길이나 무게를 나타내는 금이나 점.
❺ **범위**: 어떤 활동이나 상태가 미치거나 벌어질 수 있는 정해진 시간·공간 또는 한계.
❻ **벗어나다**: 공간적 범위나 경계 밖으로 빠져나옴.
❼ **어림**: 대강 짐작으로 헤아림.

1 이 글의 주요 설명 방법으로 알맞은 것은 무엇인가요? ( )

① 시간의 흐름에 따라 설명하고 있다.

② 어떤 주제에 대한 주장과 근거를 제시하고 있다.

③ 두 가지의 다른 대상을 비교하여 설명하고 있다.

④ 어떤 대상을 원인과 결과 중심으로 설명하고 있다.

⑤ 하나의 화제에 대하여 몇 가지 특징을 열거하고 있다.

2 이 글을 읽고 답을 할 수 있는 질문이 <u>아닌</u> 것은 무엇인가요? ( )

① 용수철저울로 물체의 무게를 어떻게 측정할까요?

② 용수철저울로 물체의 무게를 재는 까닭은 무엇인가요?

③ 용수철저울에서 추나 물체를 거는 부분의 이름은 무엇인가요?

④ 용수철저울에 너무 가벼운 물체를 매달면 안 되는 까닭은 무엇인가요?

⑤ 용수철저울의 고리에 걸 수 없는 물체의 무게는 어떻게 잴 수 있나요?

3 다음 질문 에 댓글을 쓴 내용입니다. 옳지 <u>않은</u> 답변을 한 친구의 이름을 쓰세요.

> 질문 용수철저울은 용수철의 어떤 성질을 이용해 만든 저울인가요?
>
> ↳ 혜선: 용수철에 매단 물체의 무게에 따라 용수철의 길이가 변화하는 성질을 이용해서 만든 저울이야.
>
> ↳ 유진: 용수철에 매단 물체의 무게를 일정하게 늘리면 용수철의 길이가 일정하게 줄어드는 성질을 이용해서 만든 저울이야.
>
> ↳ 효빈: 용수철저울에 가벼운 물체를 걸었을 때보다 무거운 물체를 걸었을 때 용수철의 길이가 더 많이 늘어나는 성질을 이용해서 만든 저울이야.

( )

4 용수철저울을 사용하는 순서에 맞게 보기 에서 찾아 기호를 쓰세요.

> 보기 ㉠ 고리에 물체를 매단다.
> ㉡ 표시 자가 가리키는 눈금을 읽는다.
> ㉢ 눈금이 '0'을 가리키도록 조절한다.

( ) → ( ) → ( )

이 글을 읽고, 용수철저울로 물체의 무게를 잴 때 표시 자를 눈금의 '0'에 맞추는 까닭을 옳게 설명한 친구를 골라 ○표 하세요.

영진: 물체의 무게를 정확하게 재기 위해서야.
□

재석: 용수철저울을 스탠드에 튼튼하게 고정시키기 위해서야.
□

혜승: 용수철저울로 잴 수 있는 무게의 범위를 확인하기 위해서야.
□

소윤: 측정하고자 하는 물체를 용수철저울에 고정시키기 위해서야.
□

 용수철저울의 눈금을 읽을 때, 눈의 위치로 옳은 것을 골라 기호를 쓰세요.

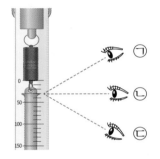

(   )

7 이 글의 내용으로 옳은 것은 ○표, 옳지 <u>않은</u> 것은 ×표 하세요.

(1) 표시 자가 가리키는 눈금의 숫자를 단위와 같이 읽는다.   (   )
(2) 용수철저울은 물체의 길이를 쉽게 알 수 있는 도구이다.   (   )
(3) 용수철저울에 너무 가벼운 물체를 매달면 저울이 고장이 날 수 있다.   (   )
(4) 용수철저울로 저울에 표시된 최대 눈금보다 무게가 더 많이 나가는 물체의 무게를 잴 수 있다.   (   )

 용수철의 성질
용수철은 힘을 받아 모양이 변하면 원래 모양으로 되돌아가려는 성질이 있습니다. 그러나 용수철이 견딜 수 있는 힘보다 더 세게 잡아당기면 용수철의 감긴 부분들이 풀려 힘을 작용하지 않아도 원래 모양으로 되돌아가지 않습니다.

1 다음 낱말의 뜻으로 알맞은 것을 바르게 선으로 이어 보세요.

(1) 성질 •

(2) 범위 •

(3) 어림 •

• ㉠ 대강 짐작으로 헤아림.

• ㉡ 한 사물이나 현상이 가지고 있는 다른 것과 구별되는 특징.

• ㉢ 어떤 활동이나 상태가 미치거나 벌어질 수 있는 정해진 시간·공간 또는 한계.

2 다음 문장에서 밑줄 친 낱말의 기본형을 쓰고, 이와 비슷한 뜻을 가진 낱말을 보기 에서 찾아 쓰세요.

보기   균일하다   확실하다   증가하다

(1) 나는 나의 단점을 정확하게 알고 있다.   ☐ — ☐

(2) 장난감이 일정한 간격으로 놓여 있다.   ☐ — ☐

(3) 그는 늘어난 재산의 일부를 기부하였다.   ☐ — ☐

3 다음 문장에서 밑줄 친 낱말이 어떤 뜻으로 사용되었는지 기호를 쓰세요.

벗어나다

㉠ 공간적 범위나 경계 밖으로 빠져나오다.
㉡ 구속이나 장애로부터 자유로워지다.
㉢ 이야기의 흐름이 빗나가다.

(1) 기차가 터널을 벗어나자 멋진 풍경이 보였다.   ( )
(2) 대화를 할 때에는 주제에서 벗어나지 않아야 한다.   ( )
(3) 새장을 벗어난 새가 푸른 하늘로 멀리 날아갔다.   ( )

2장 질량과 무게는 다른가요?

7일차

 **매체 독해** 다음 뉴스 화면을 보고, 물음에 답해 봅시다.

2019년 세계 측정의 날

  m
(미터)
길이

 kg
(킬로그램)
질량

 s
(초)
시간

 K
(켈빈)
온도

 cd
(칸델라)
광도

 A
(암페어)
전류

 mol
(몰)
물질의 양

1875년 5월 20일, 프랑스 파리에서 세계 17개국이 모여 '미터 협약'을 체결하였습니다. '미터 협약'은 길이와 질량의 단위를 미터 기반으로 제정한 국제 조약입니다. 이때부터 매년 5월 20일을 '세계 측정의 날'로 지정해 기념해 왔습니다. 2019년 세계 측정의 날은 더욱 특별합니다. 길이, 질량, 시간, 온도, 광도, 전류, 물질의 양을 나타내는 7개의 기본 단위 중 질량, 온도, 전류, 물질의 양에 대한 정의가 한꺼번에 바뀌기 때문입니다. 특히 질량의 단위에 대한 정의는 130년 만에 바뀌게 됩니다.

＊**광도**: 일정한 방향에서 물체 전체의 밝기를 나타내는 양.
＊**전류**: 물질 안에서 흐르는 전기.

1 이 뉴스 화면을 보고, 빈칸에 들어갈 알맞은 숫자를 쓰세요.

> 단위 역사상 최초로 기본 단위 (   )개의 정의가 한꺼번에 새롭게 바뀐다.

2 이 뉴스의 내용과 일치하지 <u>않은</u> 것은 무엇인가요?　　　　　　(   )

① 세계 측정의 날은 '미터 협약'을 체결한 것을 기념하고자 만들었다.

② '미터 협약'은 길이와 질량의 단위를 미터 기반으로 제정한 협약이다.

③ 2019년 세계 측정의 날에 질량의 단위에 대한 정의는 바꾸지 않는다.

④ 1875년에 프랑스 파리에서 세계 17개국이 모여 '미터 협약'을 체결했다.

⑤ 7개의 기본 단위에는 길이, 질량, 시간, 온도, 광도, 전류, 물질의 양의 단위가 해당된다.

　우리는 일상생활에서 무게와 질량을 명확히 구별하지 않고 사용하지만 과학적으로는 전혀 다른 뜻을 가지고 있습니다. 무게와 질량의 차이점을 알아봅시다.

　공을 위로 높이 던져 올리면 공이 아래로 떨어집니다. 이것은 지구가 물체를 지구 **❶중심** 방향으로 끌어당기기 때문입니다. 이렇게 지구가 물체를 끌어당기는 힘의 크기를 '무게'라고 합니다. 물체가 무겁다는 것은 지구가 그 물체를 가벼운 물체보다 더 세게 끌어당긴다는 말입니다. 그래서 용수철에 가벼운 물체를 매달았을 때보다 무거운 물체를 매달았을 때 용수철의 길이가 더 많이 늘어나는 것입니다. 물체의 무게는 용수철저울로 **❷측정**하며, 힘의 **❸단위**인 N(뉴턴)이나 kg중(킬로그램중) 등을 단위로 사용합니다.

　물체의 무게가 장소에 따라 달라지기도 합니다. 물체를 들고 아주 높은 산에 올라가면 물체가 지구 중심에서 멀어지기 때문에 지구가 물체를 끌어당기는 힘의 크기가 **❹지표면**에서보다 작아집니다. 따라서 산에서 측정한 물체의 무게는 지표면에서보다 줄어듭니다.

　그렇다면 지구와 달에서 물체의 무게를 측정하면 어떻게 될까요? 지구에서 측정한 물체의 무게는 지구가 물체를 끌어당기는 힘의 크기이고, 달에서 측정한 물체의 무게는 달이 물체를 끌어당기는 힘의 크기입니다. 달이 물체를 끌어당기는 힘의 크기는 지구가 물체를 끌어당기는 힘의 크기의 약 $\frac{1}{6}$ 정도이기 때문에, 달에서 측정한 물체의 무게는 지구에서 측정한 무게의 약 $\frac{1}{6}$ 로 줄어듭니다. 예를 들어 지구에서 몸무게가 360 N인 사람이 달에 가면 몸무게가 60 N이 되는 것입니다.

　물체를 이루고 있는 물질의 **❺고유**한 양을 '질량'이라고 합니다. 질량은 윗접시저울이나 양팔저울로 측정하며, 단위는 kg이나 g 등을 사용합니다. 지구와 달에서 물체의 질량을 측정하면 어떻게 될까요? 물체가 가진 고유한 양은 장소가 달라져도 변하지 않으므로, 지구에서 측정한 물체의 질량이 30 kg이면 달에서 측정한 질량도 30 kg입니다. 즉 지구에서 측정한 물체의 질량과 달에서 측정한 물체의 질량은 같습니다.

---

❶ **중심**: 사물의 한가운데.
❷ **측정**: 일정한 양을 기준으로 하여 같은 종류의 다른 양의 크기를 잼.
❸ **단위**: 길이나 무게, 시간 등을 숫자로 나타낼 수 있도록 한 기준.
❹ **지표면**: 지구의 표면.
❺ **고유**: 사물이 본래부터 지니고 있는 것.

1 이 글을 쓴 목적으로 알맞은 것을 골라 ○표 하세요.

무게와 질량의 뜻이 과학적으로 다르다는 것을 알려 주기 위해서 ☐	무게와 질량의 측정 방법이 같다는 것을 알려 주기 위해서 ☐	무게와 질량의 단위를 구별하지 않고 사용해야 한다는 것을 알려 주기 위해서 ☐

2 이 글의 주요 설명 방법으로 알맞은 것은 무엇인가요? (   )

① 시간의 흐름에 따라 설명하고 있다.

② 어떤 일이 되어가는 순서에 따라 설명하고 있다.

③ 다른 사람의 말이나 글을 인용하여 설명하고 있다.

④ 두 가지의 다른 대상을 비교하여 차이점을 설명하고 있다.

⑤ 어떤 주제에 대한 주장과 근거를 제시하여 설명하고 있다.

3 이 글을 읽고, 무게와 질량의 뜻을 정리한 것입니다. 빈칸에 들어갈 알맞은 말을 쓰세요.

무게	지구가 물체를 끌어당기는 ( )의 크기
질량	물체를 이루고 있는 물질의 고유한 ( )

4 무게에 대한 설명으로 옳지 <u>않은</u> 것은 무엇인가요? (   )

① 물체의 무거운 정도를 말한다.

② 물체의 무게는 용수철저울로 측정한다.

③ 지구와 달에서 측정한 물체의 무게는 같다.

④ 무게는 힘의 단위를 사용해 그 값을 나타낸다.

⑤ 달에서 측정한 물체의 무게는 달이 물체를 끌어당기는 힘의 크기이다.

5 다음 질문에 옳게 답한 친구의 이름을 쓰세요.

> 질문 가벼운 물체보다 무거운 물체를 들 때 힘이 더 드는 까닭은 무엇일까요?

> • 도준: 지구가 가벼운 물체보다 무거운 물체를 밀어 내는 힘이 더 세기 때문이야.
> • 민준: 지구가 가벼운 물체보다 무거운 물체를 더 세게 끌어당기고 있기 때문이야.

(   )

6 질량에 대한 설명으로 옳은 것은 ○표, 옳지 <u>않은</u> 것은 ×표 하세요.

(1) 질량의 단위는 kg이나 g 등이다.   (   )

(2) 지구가 물체를 끌어당기는 힘의 크기이다.   (   )

(3) 질량은 윗접시저울이나 양팔저울로 측정한다.   (   )

(4) 지표면에서 물체를 들고 아주 높은 산에 올라가면 물체의 질량이 줄어든다.

(   )

7 이 글을 읽고, 빈칸에 들어갈 알맞은 숫자를 골라 ○표 하세요.

(1) 지구에서 측정한 물체의 무게가 360 N이면, 달에서 측정한 무게는 (60 , 360) N 이다.

(2) 지구에서 측정한 물체의 질량이 30 kg이면, 달에서 측정한 질량은 (5 , 30) kg이다.

천체에 따라 변하는 물체의 무게
지구뿐만 아니라 모든 천체들은 물체를 끌어당기는데, 천체에 따라 물체를 끌어당기는 정도가 모두 다릅니다. 똑같은 물체를 지구가 끌어당기는 힘을 1이라고 하면, 태양은 지구보다 28배의 힘으로 끌어당깁니다. 따라서 천체에 따라 물체의 무게는 다르게 측정됩니다.

1 다음의 뜻을 가진 낱말을 보기 에서 찾아 쓰세요.

> 보기   고유   단위   중심   지표면

(1) 지구의 표면.   (   )
(2) 사물의 한가운데.   (   )
(3) 사물이 본래부터 지니고 있는 것.   (   )
(4) 길이나 무게, 시간 등을 숫자로 나타낼 수 있도록 한 기준.   (   )

2 다음 문장에 들어갈 알맞은 낱말을 골라 ○표 하세요.

(1) ⎰ 우리나라의 화폐 (단위 / 단언)은/는 원이다.
⎱ 둘 중 어느 쪽이 더 낫다고 (단위 / 단언)하기는 어렵다.

(2) ⎰ 길을 잘못 들어 (방한 / 방향)을 잃었다.
⎱ 겨울에는 털모자나 목도리 같은 (방한 / 방향) 용품이 잘 팔린다.

(3) ⎰ 허리둘레를 (측정 / 측면)하기 위해 줄자를 가져왔다.
⎱ 힘이 들지만 희망을 가지고 긍정적 (측정 / 측면)에서 생각하자.

3 다음 빈칸에 들어갈 말의 뜻을 보고, 알맞은 낱말을 보기 에서 찾아 쓰세요.

> 보기   구분   일상   질량   구별

(1) 요즘 옷은 남녀의 _____이 없는 경우가 많다.
  └ 성질이나 종류에 따라 갈라놓음.

(2) 과학 시간에 _____과 무게의 차이점을 배웠다.
  └ 물체를 이루고 있는 물질의 고유한 양.

(3) 여행을 가면 _____을 벗어난 즐거움을 느낄 수 있다.
  └ 날마다 반복되는 생활.

(4) 일이 너무 바빠서 노동과 휴식 시간의 _____이 없었다.
  └ 일정한 기준에 따라 전체를 몇 개로 갈라 나눔.

시소의 수평 잡기

매체 독해 다음 홍보지를 보고, 물음에 답해 봅시다.

국가 무형 문화재
시리즈

줄타기

줄타기는 줄광대나 줄꾼이 공중에 매어 놓은 줄 위에서 몸짓이나 손짓으로 하는 동작인 발림과 재미있는 이야기를 섞어 가며 여러 가지 재주를 보여 주는 놀이이다. 얼음 위를 걷듯이 조심스럽게 걸어야 한다고 하여 '어름'이라고도 부른다.

우리나라의 줄타기는 다른 나라와는 달리 줄만 타는 몸 기술을 선보이는 것을 넘어서 노래와 재치 있는 말을 곁들여 줄을 타는 사람이 관객들과 끊임없이 소통하는 것이 특징이다. 줄타기는 국가 무형 문화재 제58호로 지정하여 보호하고 있다.

＊**출처**: 국가문화유산포털

1 줄타기를 부르는 다른 말은 무엇인지 쓰세요.

(   )

2 이 홍보지를 읽고 알맞게 반응한 친구의 이름을 모두 쓰세요.

- 예린: 줄타기 공연에서 줄꾼의 발림을 보는 것도 재미있을 것 같아.
- 찬영: 줄을 타는 것은 매우 위험하니 줄타기는 계승하지 않는 게 좋아.
- 수빈: 우리나라 줄타기도 외국처럼 줄만 타는 몸 기술을 주로 공연해.
- 정재: 줄타기 공연을 보러 가면 나도 노래를 함께 부르며 놀이판에 어울릴 거야.

(   )

'수평'은 어느 한쪽으로 기울어지지 않고 ❶평형을 이룬 상태를 말합니다. 놀이터에서 탈 수 있는 시소를 이용하여 수평 잡기의 원리를 알아봅시다. 몸무게가 비슷한 두 사람이 시소를 탈 때에는 시소의 ❷받침점으로부터 같은 거리에 앉아야 시소가 수평을 잡을 수 있습니다. 그러나 몸무게가 다른 두 사람이 받침점으로부터 같은 거리에 앉아 있으면 무거운 사람 쪽으로 시소가 기울어집니다. 이때에는 무거운 사람이 가벼운 사람보다 시소의 받침점에 더 가까이 앉아야 시소가 수평을 잡을 수 있습니다.

❸모빌을 만들 때나 줄타기 공연을 할 때에도 수평 잡기의 원리를 이용합니다. 모빌에 물체를 매달고 배치할 때 아름답게 표현하려면 ❹균형을 잘 잡아야 하는데, 이때 수평 잡기의 원리를 이용합니다. 모빌 양쪽에 매단 물체의 무게가 같은 경우에는 받침점을 양쪽 물체의 가운데에 위치하게 하여 모빌의 수평을 잡습니다. 모빌에 매단 양쪽 물체의 무게가 다른 경우에는 받침점을 무거운 쪽에 가깝게 위치하게 하여 모빌의 수평을 잡습니다.

줄타기는 재주꾼이 공중에 매달려 있는 외줄 위에서 걸어 다니거나 뛰면서 여러 가지 재주를 보여 주는 놀이입니다. 외줄 위에서 줄을 타는 사람은 줄 위에 올려 둔 발을 ❺축으로 하여 양팔이나 머리, 엉덩이 등의 위치를 바꿔 가며 몸의 수평을 잡습니다. 맨몸으로 ❻묘기를 보일 때는 양팔을 좌우로 크게 벌려 수평을 잡기도 합니다. 줄을 타는 사람이 부채나 장대와 같은 소품을 들고 있으면 수평을 잡는 데 큰 도움이 됩니다. 왜냐하면 부채를 펼쳐 저으면 바람의 저항을 이용해 균형을 잡을 수 있고, 장대를 들고 있으면 몸의 ❼무게 중심이 흐트러지는 데 시간이 더 오래 걸려 그동안 발과 몸을 움직여 균형을 잡을 수 있기 때문입니다.

----

❶ **평형**: 사물이 한쪽으로 기울지 않고 안정되어 있는 상태.
❷ **받침점**: 물체를 떠받치고 있는 고정된 점.
❸ **모빌**: 여러 가지 모양의 조각을 가느다란 실이나 철사에 매달아 균형을 이루게 한 것.
❹ **균형**: 어느 한쪽으로 치우치거나 기울어지지 않은 상태.
❺ **축**: 움직이거나 빙빙 도는 물체의 중심.
❻ **묘기**: 약삭빠르고 교묘한 기술과 재주.
❼ **무게 중심**: 물체의 한 곳을 매달거나 받쳤을 때 수평을 이루는 지점.

 사람의 무게 중심
여자와 남자의 무게 중심이 다릅니다. 여자의 무게 중심은 골반 쪽에 있고 남자의 무게 중심은 가슴과 어깨 쪽에 위치합니다. 즉 여자의 무게 중심은 남자의 무게 중심보다 더 아래쪽에 위치합니다.

1 이 글을 쓴 목적으로 옳은 것은 무엇인가요?　　　　　　　　　　　(　　　)

① 수평 잡기의 원리를 알려 주기 위해서

② 모빌을 만드는 과정을 알려 주기 위해서

③ 무게 중심을 찾는 방법을 알려 주기 위해서

④ 모빌을 만들 때 필요한 준비물을 알려 주기 위해서

⑤ 줄타기를 할 때 조심해야 할 점을 알려 주기 위해서

2 미래와 대한이가 시소의 받침점으로부터 같은 거리에 앉았더니 시소가 대한이 쪽으로 기울었습니다. 시소의 수평을 잡는 방법을 옳게 설명한 친구의 이름을 쓰세요.

> • 혜영: 미래가 시소의 받침점에 더 가까운 쪽에 앉아야 해.
> • 유진: 대한이가 시소의 받침점에 더 가까운 쪽에 앉아야 해.

　　　　　　　　　　　　　　　　　　　　　　(　　　　　　　)

3 모빌의 수평을 잡는 방법에 맞게 빈칸에 들어갈 알맞은 말을 쓰세요.

모빌에 매단 양쪽의 무게가 같은 경우	모빌에 매단 양쪽의 무게가 다른 경우
받침점을 양쪽 물체의 (　　　　)에 위치하게 한다.	받침점을 (　　　　)운 물체 쪽에 가깝게 위치하게 한다.

4 이 글의 내용으로 옳지 <u>않은</u> 것은 무엇인가요?　　　　　　　　　(　　　)

① 놀이터에서 시소를 탈 때 수평 잡기의 원리가 이용된다.

② 줄타기를 할 때 줄을 타는 사람이 부채를 들면 수평을 잡기가 더 쉽다.

③ 수평은 물체가 어느 한쪽으로 기울어지지 않고 평형을 이룬 상태를 말한다.

④ 두 사람이 받침점에서 같은 거리에 앉았을 때 시소는 무거운 사람 쪽으로 기운다.

⑤ 외줄을 타는 사람은 손에 든 부채를 축으로 하여 머리의 위치를 바꾸며 수평을 잡는다.

5 다음 빈칸에 들어갈 알맞은 말을 골라 ○표 하세요.

> 　줄타기 공연에서 줄을 타는 사람이 장대를 들고 있으면 몸의 무게 중심이 흐트러지는 데 시간이 더 (오래 , 짧게) 걸리므로 그동안 재빨리 균형을 잡을 수 있다.

1 다음 낱말의 뜻으로 알맞은 것을 바르게 선으로 이어 보세요.

(1) 축 •

(2) 균형 •

(3) 받침점 •

(4) 모빌 •

• ㉠ 물체를 떠받치고 있는 고정된 점.

• ㉡ 움직이거나 빙빙 도는 물체의 중심.

• ㉢ 어느 한쪽으로 치우치거나 기울어지지 않은 상태.

• ㉣ 여러 가지 모양의 조각을 가느다란 실이나 철사에 매달아 균형을 이루게 한 것.

2 보기 를 읽고, 예를 참고하여 사진 속 직업의 이름을 쓰세요.

보기   -사(師): '그것을 직업으로 하는 사람'의 뜻을 더하는 말.

(예)

(1)

(2)

_____곡예사_____   _____   _____

3 다음 빈칸에 들어갈 말의 뜻을 보고, 알맞은 낱말을 보기 에서 찾아 쓰세요.

보기   공중   원리   묘기

(1) 바람이 불자 벚꽃이 떨어져 _____에 흩날렸다.
　　　　　　　└ 하늘과 땅 사이의 빈 곳.

(2) 주언이는 접시 돌리기 _____을/를 해서 친구들을 즐겁게 했다.
　　　　　　　└ 약삭빠르고 교묘한 기술과 재주.

(3) 전기의 발생 _____을/를 발견한 덕분에 우리는 편리한 생활을 한다.
　　　　　　　└ 사물의 근본이 되는 이치.

4장 저울의 종류

 **매체 독해** 다음 제품 사용 설명서를 보고, 물음에 답해 봅시다.

가정용 전자저울 설명서

■ 각 부분의 이름

저울판
화면 ─ 영점 버튼
─ 전원 버튼
▲ 윗면

전지 커버
▲ 아랫면

■ 사용 순서

① 전자저울을 편평한 곳에 놓습니다.
② 전원을 켜고 영점 버튼을 눌러 화면에 표시된 숫자를 0 g으로 맞춥니다.
③ 측정하고자 하는 물체를 저울판 중앙에 올려 놓고 화면에 표시된 숫자를 읽습니다.

■ 사용할 때의 주의 사항

• 저울은 건조한 곳에 보관하세요.
• 전지 교체 시 전지의 방향에 주의해 주세요.
• 저울을 보관할 때 저울판 위에 물건을 올려놓지 마세요.
• 장기간 사용하지 않을 때에는 본체에서 전지를 분리해서 보관하세요.

■ 특징

• 조작 방법이 간단합니다.
• 벽에 걸어서 보관할 수 있습니다.
• 자동 전원 꺼짐의 절전 기능이 있습니다.
• 최대 눈금은 2 kg이고, 최소 눈금은 1 g입니다.

1 이 설명서에서 알 수 <u>없는</u> 것은 무엇인가요? ( )

① 제품 이름
② 제품의 특징
③ 제품을 사용하는 순서
④ 제품 각 부분의 이름
⑤ 제품을 사용할 때의 주의 사항

2 이 설명서의 내용과 일치하는 것은 ○표, 일치하지 <u>않은</u> 것은 ×표 하세요.

(1) 저울은 편평한 곳에 놓고 사용한다. ( )
(2) 저울을 사용한 후에는 항상 본체에서 전지를 분리한다. ( )
(3) 전지의 (+)극과 (−)극 방향에 주의해서 전지를 교체한다. ( )
(4) 저울을 사용하지 않을 때에는 습기가 없는 곳에 보관한다. ( )
(5) 이 저울은 무게가 2 kg이 넘는 물체의 무게도 측정할 수 있다. ( )

저울은 물체의 무게를 쉽고 정확하게 측정할 수 있는 도구를 말합니다. 사람들이 사용하는 가정용 저울, 양팔저울, 대저울, 전자저울에 대해 살펴봅시다.

가정용 저울은 음식을 만들기 위해 필요한 [1]재료의 무게를 잴 때 사용합니다. 가정용 저울은 저울 위에 물체를 올리면 저울 속에 들어 있는 용수철이 늘어나면서 바늘이 돌아가 물체의 무게를 표시합니다.

양팔저울은 긴 막대 끝에 저울접시가 아래로 매달려 있고 막대의 가운데에 받침대가 붙어 있습니다. 양팔저울로 여러 가지 물체의 무게를 비교하려면 먼저 받침점에서 같은 거리에 있는 한쪽 저울접시에 물체를 올려놓습니다. 그다음 다른 한쪽 저울접시에는 클립이나 금액이 같은 동전처럼 ㉠무게가 일정한 물체를 올려놓고, 양팔저울이 수평이 되었을 때 무게가 일정한 물체의 개수를 세어 무게를 비교합니다. 다른 방법으로는 양팔저울의 받침점에서 같은 거리에 있는 저울접시에 물체를 각각 올려놓고, 저울대가 어느 쪽으로 기울었는지 확인해 물체의 무게를 비교할 수도 있습니다.

대저울은 옛날부터 약재 등의 무게를 잴 때 사용했던 저울입니다. 대저울은 접시 또는 고리에 물체를 올려놓고 다른 쪽에 매달려 있는 [2]추를 옮겨 가며 수평을 잡았을 때 추의 무게와 막대에 새겨진 눈금을 따져서 물체의 무게를 측정합니다.

요즘에는 주로 전기적 성질을 이용해 화면에 숫자로 물체의 무게를 표시해 주는 전자저울을 사용합니다. 전자저울 안에는 [3]센서가 들어 있는데, 이 센서가 저울판 위에 올려놓은 물체의 무게를 측정해 숫자로 표시합니다. 전자저울은 물체의 무게를 [4]정밀하게 측정할 수 있습니다.

이처럼 가정용 저울은 용수철의 성질을 이용해 만들고, 양팔저울과 대저울은 수평 잡기의 원리를 이용해 만듭니다. 전자저울은 전기적 성질을 이용해 숫자로 물체의 무게를 표시합니다.

----

❶ **재료**: 물건을 만들 때 들어가는 물질이나 소재.
❷ **추**: 저울대 한쪽에 거는 일정한 무게의 쇠.
❸ **센서**: 외부 환경의 변화와 그 정도를 알아내어 수치로 나타내는 기계 장치.
❹ **정밀**: 작은 부분까지 아주 자세하고 조심스럽게 다루는 것.

 우주 저울
우주 저울은 우주에서 지구 중력을 기준으로 물체의 무게가 얼마인지를 측정하는 도구를 말합니다. 중력을 느낄 수 없는 우주 정거장에서는 일반 저울이 아닌 우주 저울을 사용해야지만 물체의 무게를 측정할 수 있습니다.

1 이 글에서 설명하지 <u>않은</u> 내용은 무엇인가요? ( )

① 가정용 저울의 쓰임새

② 양팔저울 각 부분의 이름과 사용 순서

③ 대저울로 물체의 무게를 측정하는 방법

④ 양팔저울로 물체의 무게를 비교하는 방법

⑤ 전자저울로 물체의 무게를 측정하는 원리

2 이 글을 읽고, 다음과 같이 내용을 정리할 때 빈칸에 들어갈 알맞은 말을 쓰세요.

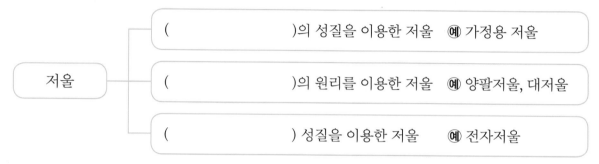

저울
- ( )의 성질을 이용한 저울 ⓓ 가정용 저울
- ( )의 원리를 이용한 저울 ⓓ 양팔저울, 대저울
- ( ) 성질을 이용한 저울 ⓓ 전자저울

3 이 글에서 설명한 내용으로 옳지 <u>않은</u> 것은 무엇인가요? ( )

① 가정용 저울 속에는 용수철이 들어 있다.

② 대저울은 약재 등의 무게를 잴 때 사용한다.

③ 전자저울은 물체의 무게를 정밀하게 측정할 수 있다.

④ 물체의 무게를 정확하게 측정하기 위해서 저울을 사용한다.

⑤ 저울은 수평 잡기를 이용한 저울과 전기적 성질을 이용한 저울 두 가지로 분류된다.

4 양팔저울에 대해 옳게 설명한 친구의 이름을 쓰세요.

- 수진: 세 가지 이상의 물체의 무게를 비교할 때에는 양팔저울을 사용할 수 없어.
- 혜진: 저울판 위에 올려놓은 물체의 무게를 측정해 숫자로 표시해 주는 저울이야.
- 연주: 두 물체를 받침점에서 같은 거리에 있는 저울접시 위에 각각 올려놓았을 때 저울대가 기울어진 쪽이 더 무거운 물체야.

( )

5 ㉠으로 알맞은 물건을 모두 골라 ○표 하세요.

| 바둑돌 | 고운 모래 | 똑같은 단추 | 여러 가지 금액의 동전 |

1 다음의 뜻을 가진 낱말을 보기 에서 찾아 쓰세요.

> **보기**　　　　　센서　　　　추　　　　정밀

(1) 저울대 한쪽에 거는 일정한 무게의 쇠.　　　　　　　　　　(　　　　　)

(2) 작은 부분까지 아주 자세하고 조심스럽게 다루는 것.　　　　(　　　　　)

(3) 외부 환경의 변화와 그 정도를 알아내어 수치로 나타내는 기계 장치.

　　　　　　　　　　　　　　　　　　　　　　　　　　　　(　　　　　)

2 다음 문장에 들어갈 낱말의 올바른 표기를 골라 ○표 하세요.

(1) 눈이 나빠져서 저울의 눈금 { 수자 / 숫자 } 가 잘 보이지 않는다.

(2) 바구니에 들어 있는 사과의 { 개수 / 갯수 } 를 정확하게 세어 보아라.

(3) 다시 되풀이하는 { 회수 / 횟수 } 가 많아질수록 사람들이 지쳐 갔다.

3 다음 문장에서 밑줄 친 낱말의 기본형을 쓰고, 이와 비슷한 뜻을 가진 낱말을 보기 에서 찾아 쓰세요.

> **보기**　　　　　뜯어보다　　　　비교하다　　　　세밀하다

(1) 너와 나의 줄넘기 실력을 <u>견주어</u> 보자.　　　　　□□□□ － □□□□

(2) 선생님께서 친구의 상태를 <u>살펴보셨다</u>.　　　　□□□□ － □□□□

(3) 이 시계는 <u>정밀하여</u> 오차가 거의 없다.　　　　□□□□ － □□□□

낱말판의 가로, 세로, 대각선에 숨어 있는 낱말을 찾으며,
주제2에서 공부한 용어의 뜻을 다시 한번 떠올려 봐요.

지	구	범	영	모	양	스	질	량
무	제	위	조	절	리	팔	탠	음
반	게	화	평	형	표	면	저	드
대	일	중	줄	타	기	용	비	울
정	빌	고	심	묘	축	수	가	교
밀	하	유	공	머	센	철	전	측
변	다	단	눈	약	서	저	시	정
받	침	점	자	금	재	울	꾼	소

힌트

❶ 용수철이 늘어나거나 줄어드는 성질을 이용하여 무게를 측정하는 저울.

❷ 자나 저울 등에 물건의 길이나 무게를 나타내는 금이나 점.

❸ 어떤 활동이나 상태가 미치거나 벌어질 수 있는 정해진 시간·공간 또는 한계.

❹ 물체를 이루고 있는 물질의 고유한 양.

❺ 일정한 양을 기준으로 하여 같은 종류의 다른 양의 크기를 잼. 예 물체의 길이를 □□하다.

❻ 사물이 한쪽으로 기울지 않고 안정되어 있는 상태. 비슷 균형

❼ 물체를 떠받치고 있는 고정된 점.

❽ 물체의 한 곳을 매달거나 받쳤을 때 수평을 이루는 지점.

❾ 긴 막대 끝에 저울접시가 아래로 달려 있고 막대의 가운데에 받침대가 붙어 있는, 수평 잡기의 원리를
이용한 저울.

❿ 작은 부분까지 아주 자세하고 조심스럽게 다루는 것. 예 그는 큰 병원으로 가서 □□ 검사를 받았다.

빛을 이용한 정보 전달

 다음 안내문을 보고, 물음에 답해 봅시다.

봉수대 이용 안내 주의 사항

봉수대는 연기나 불을 피울 수 있게 설비해 놓은 곳으로, 옛날에는 이곳에서 봉화를 올려서 중요한 소식을 신속하게 전달하였습니다. 봉수대는 우리가 보존해야 할 소중한 문화재입니다. 봉수대를 보존하기 위해 아래와 같이 주의 사항을 안내하오니 적극 협조해 주시기 바랍니다.

아 래

 봉수대에 매달리거나 기대지 마시기 바랍니다.

 봉수대 주변에서 취사나 소음을 발생하는 행위 등을 하지 마시기 바랍니다.

 애완동물 출입을 자제해 주시기 바랍니다.

 문화재가 훼손되지 않도록 시설물 이용에 주의하여 주시기 바랍니다.

1 이 안내문을 보고 봉수대의 쓰임새를 정리할 때, 빈칸에 들어갈 알맞은 말을 쓰세요.

> 봉수대는 연기나 불을 이용해 (　　　　　　　　)을/를 올려서 중요하고 긴급한 소식을 전하던 문화재이다.

2 봉수대를 이용할 때 주의할 사항으로 옳은 것은 ○표, 옳지 않은 것은 ×표 하세요.

(1) 봉수대에 매달리거나 기대는 일이 없도록 주의해야 한다.　　　　　（　　　）

(2) 애완동물이 목줄을 했을 경우 봉수대 안을 같이 산책할 수 있다.　　（　　　）

(3) 봉수대 주변에서 음식을 만들어 먹어도 되지만, 시끄러운 소리를 내면 안 된다.

　　　　　　　　　　　　　　　　　　　　　　　　　　　　　（　　　）

(가) 봉수는 낮에는 토끼 똥을 태운 연기로, 밤에는 불빛으로 중요한 일이나 위급한 소식을 신속하게 전달하던 통신 방법입니다. 봉수대는 연기나 불을 피워서 **❶신호**를 보낼 수 있게 만든 시설물로, 신호를 잘 전달하고 받아야 했기 때문에 높은 산꼭대기에 설치하였습니다.

(나) 우리나라에서는 약 120년 전까지 봉수를 이용하여 신호를 보냈는데, 봉수대에서 피우는 연기나 불빛의 수에 따라 신호가 전달하는 내용이 달랐습니다. 평상시에는 한 개, 적을 발견하면 두 개, 적이 국경에 접근하면 세 개, 적이 국경을 침입하면 네 개, 적과 **❷교전**이 이루어지면 다섯 개의 봉수를 올렸습니다.

(다) 평상시에 연기나 불빛을 **❸식별**할 수 있는 거리에 봉수대를 설치하였는데, 이렇게 전국에 설치된 봉수대가 600개 이상 되었습니다. 봉수 신호는 인근의 봉수대에 차례대로 전달되어 한양 목멱산(남산)의 봉수대로 모였습니다. 제1봉수대는 함경도와 강원도에서 오는 봉수를, 제2봉수대는 경상도에서 오는 봉수를 받았으며, 제3봉수대는 평안도 강계와 황해도에서 오는 봉수를 받았습니다. 제4봉수대는 평안도 의주와 황해도의 해안에서 오는 봉수를, 제5봉수대는 전라도와 충청도에서 오는 봉수를 받았습니다.

(라) 봉수의 순차적인 신호 전달 방식은 오늘날 **❹전파**를 이용한 **❺무선** 통신 방식과 유사합니다. 전파로 무선 통신을 하려면 중간에 전파 **❻중계소**를 세워야 합니다. 높은 산꼭대기에 세웠던 봉수대 자리는 오늘날 전파 중계소가 있는 위치와 거의 비슷하다고 합니다.

(마) 그렇다면 봉수를 이용하여 신호를 전달했을 때 시간이 얼마나 걸렸을까요? 함경도나 평안도의 국경 지역에서 오후에 봉수를 올리면 해질 무렵에 한양 근처 아차산 봉수대에 도달하였다는 기록으로 보아, 봉수의 전달 속도는 1시간에 약 100 km 정도로 가늠해 볼 수 있습니다. 전국 어느 곳에서 보낸 신호든지 12시간 이내로 한양에 도달하였습니다. 이처럼 봉수는 옛날에 중요한 정보를 가장 빠르게 알려 주던 과학적이고 체계적인 통신 수단이었습니다.

---

❶ **신호**: 부호나 소리, 몸짓 따위로 내용 또는 정보를 전달하거나 지시하는 것.
❷ **교전**: 전쟁에서 싸우는 것.
❸ **식별**: 사물의 종류나 성질을 가려서 알아내는 것.
❹ **전파**: 공간으로 넓게 멀리 퍼지는 성질이 있어서 무선 통신에 사용되는 파동.
❺ **무선**: 통신을 전선 없이 전파로 함.
❻ **중계소**: 중간에서 양쪽을 이어 주는 곳.

1 이 글의 중심 소재는 무엇인지 쓰세요.

(   )

2 이 글의 성격으로 알맞은 것은 무엇인가요? (   )

① 정보를 전달하는 글이다.

② 주장을 내세워 설득하는 글이다.

③ 글쓴이의 감정을 표현한 글이다.

④ 글쓴이가 상상하여 꾸며 쓴 글이다.

⑤ 여행을 다녀온 후 보고 들은 내용을 작성한 글이다.

3 (가)~(마) 문단의 내용을 잘못 요약한 것은 무엇인가요? (   )

① (가): 봉수의 뜻

② (나): 봉수 개수에 따른 신호의 의미

③ (다): 한양으로 모인 전국의 봉수

④ (라): 오늘날과 유사한 봉수의 신호 전달 체계

⑤ (마): 무선 통신보다 빠른 봉수의 신호 전달 속도

4 한양 목멱산(남산)의 각 봉수대가 어느 지역에서 오는 신호를 받았는지 바르게 선으로 이어 보세요.

(1) 제1봉수대   •   •   ㉠   경상도

(2) 제2봉수대   •   •   ㉡   전라도와 충청도

(3) 제3봉수대   •   •   ㉢   함경도와 강원도

(4) 제4봉수대   •   •   ㉣   평안도 강계와 황해도

(5) 제5봉수대   •   •   ㉤   평안도 의주와 황해도 해안

5 다음 그림을 보고, 연기의 개수가 의미하는 신호를 에서 찾아 기호를 쓰세요.

> 보기 ㉠ 아무 일도 없었다.　　　㉡ 적을 발견했다.
> ㉢ 적이 국경에 접근했다.　　㉣ 적이 국경을 침입했다.
> ㉤ 적과 교전이 일어났다.

(1)

(　　　　　　　　）

(2)

(　　　　　　　　）

6 (가)~(마) 중 다음 내용과 관련이 있는 문단은 어느 것인가요?　　　　（　　　）

> 함경도 경흥, 평안도 강계, 평안도 의주에서 보낸 봉수는 북방 민족의 침입을 대비하기 위한 것이었고, 경상도 동래와 전라도 돌산도에서 보낸 봉수는 왜구의 침입에 대비하기 위한 것이었습니다.

① (가)　　　② (나)　　　③ (다)　　　④ (라)　　　⑤ (마)

7 봉수에 대한 설명으로 옳지 <u>않은</u> 것은 무엇인가요?　　　　（　　　）

① 낮에는 불빛으로, 밤에는 연기로 소식을 전달했다.
② 봉수대 자리는 오늘날 전파 중계소 자리와 비슷하다.
③ 우리나라에서는 약 120년 전까지 봉수를 이용하여 신호를 보냈다.
④ 봉수대는 평상시에 연기나 불빛을 알아볼 수 있는 거리에 설치되었다.
⑤ 봉수대가 전국에 600개 이상 설치되어 있어서 우리나라 전체를 연결해 주었다.

광통신

광통신은 음성, 영상 등의 신호를 빛 신호로 전환시킨 다음 광섬유를 통해 정보를 주고받는 통신 방식을 말합니다. 광통신은 원거리 통신에 주로 이용하며, 많은 정보를 빠르게 전송할 수 있습니다.

1 다음 낱말의 뜻으로 알맞은 것을 바르게 선으로 이어 보세요.

(1) 무선 •

(2) 교전 •

(3) 식별 •

(4) 중계소 •

• ㉠ 전쟁에서 싸우는 것.

• ㉡ 중간에서 양쪽을 이어 주는 곳.

• ㉢ 통신을 전선 없이 전파로 함.

• ㉣ 사물의 종류나 성질을 가려서 알아내는 것.

2 다음 문장에 들어갈 알맞은 낱말을 골라 ○표 하세요.

(1) { 새로 지은 빌딩이 (가늠 / 갈음)이 어려울 정도로 높다.
친구는 쑥스러운지 미소로 인사를 (가늠 / 갈음)하였다.

(2) { 아이들은 (산호 / 신호)가 녹색으로 변하자 횡단보도를 건넜다.
바닷속에 들어가니 아름다운 (산호 / 신호)가 여기저기 있었다.

(3) { 운동을 했더니 옷에 땀이 (배었다 / 베었다).
마당에 길게 자란 잡초를 (배었다 / 베었다).

3 다음 문장에서 밑줄 친 낱말이 어떤 뜻으로 사용되었는지 기호를 쓰세요.

이르다

㉠ 어떤 장소나 시간에 닿다.
㉡ 무엇이라고 말하다.
㉢ 기준을 잡은 때보다 앞서거나 빠르다.

(1) 오늘따라 보통 때보다 <u>이르게</u> 학교에 도착했다.   (   )

(2) 출장 가신 아빠께서는 자정에 <u>이르러서야</u> 집에 돌아오셨다.   (   )

(3) 체험 학습을 갈 때마다 엄마께서는 항상 주의하라고 <u>이르신다</u>.   (   )

그림자는 왜 생길까요?

 **매체 독해** 다음 인터넷 검색 자료를 보고, 물음에 답해 봅시다.

← → ⟳ ⌂ 앙부일구 🔍 + ▢

　앙부일구는 솥뚜껑 모양의 해시계라는 뜻으로, 세종 16년(1434년)에 장영실, 이천, 김조 등이 만들었습니다.

　앙부일구는 영침이라는 끝이 뾰족한 막대기와 영침의 그림자가 표시되는 시반, 시반을 받치고 있는 받침대로 이루어져 있습니다.

　시반에는 가로선과 세로선이 일정한 간격으로 그어져 있는데 가로선은 계절을, 세로선은 시각선을 나타냅니다.

　태양 빛이 영침을 비추면 영침의 그림자가 시반에 생깁니다. 하루 동안 그림자의 위치 변화를 이용하여 시각을 알 수 있고, 계절에 따라 그림자의 길이가 달라지는 것을 이용하여 계절과 날짜, 즉 절기를 알 수 있습니다.

시각선 / 시반 / 영침 / 계절선 / 받침대

▲ 앙부일구의 구조

1 다음은 앙부일구의 가로선과 세로선이 나타내는 의미를 정리한 것입니다. 빈칸에 들어갈 알맞은 말을 쓰세요.

> 　가로선은 계절선으로 계절과 (　　　　　　　　　)을/를 나타내고, 세로선은 시각선으로 (　　　　　　　　)을/를 나타낸다.

2 이 검색 자료를 보고, 앙부일구에 대해 잘못 이해한 친구를 골라 ○표 하세요.

예희: 앙부일구는 솥뚜껑 모양의 해시계라는 뜻을 가지고 있구나.	승민: 오목한 원반 안에 가로선과 세로선이 일정한 간격으로 그어져 있네.	서호: 시반이라는 막대기와 시반의 그림자가 표시되는 영침으로 이루어져 있구나.	민수: 계절에 따라 그림자의 길이가 달라지는 원리를 이용하여 절기를 알 수 있구나.
☐	☐	☐	☐

그림자는 물체가 빛을 가려서 그 물체의 뒤쪽에 생기는 **❶**그늘을 말합니다. 햇빛이 있는 낮에 운동장에 서 있으면 그림자가 생깁니다. 그런데 구름이 햇빛을 완전히 가리면 그림자가 사라집니다. 그림자는 어떻게 생길까요? 태양이나 전등에서 나온 빛은 사방으로 곧게 나아갑니다. 이처럼 빛이 곧게 나아가는 성질을 '빛의 직진'이라고 합니다. 공기 중에서 직진하던 빛이 물체를 만나 빛의 일부분 또는 전부가 물체에 막혀 빛이 도달하지 못하는 부분, 즉 물체의 뒤쪽에 그림자가 생깁니다. 이 때문에 그림자의 모양은 물체의 모양과 비슷합니다. 물체가 놓이는 방향이 달라지면 그림자의 모양이 달라지기도 합니다.

나무, 책, 도자기 컵 등과 같이 빛을 ㉠통과시키지 못하는 물체를 '불투명한 물체'라고 하고, 유리, OHP 필름, 물 등과 같이 빛을 대부분 통과시키는 물체를 '투명한 물체'라고 합니다. 불투명한 물체와 투명한 물체에 빛을 비추면 두 물체의 그림자는 어떻게 다를까요? 빛이 나아가다가 불투명한 물체를 만나면 빛이 물체를 통과하지 못해 물체 뒤쪽에 선명하고 **❷**진한 그림자가 생깁니다. 반면, 빛이 나아가다가 투명한 물체를 만나면 빛이 대부분 물체를 통과해 물체 뒤쪽에 흐릿하고 연한 그림자가 생깁니다. 이처럼 그림자의 진하기는 물체가 빛을 통과시키는 정도에 따라 달라집니다.

그림자의 크기는 무엇에 따라 달라질까요? 손전등과 물체, **❸**스크린을 **❹**일직선으로 놓았을 때 물체와 스크린을 그대로 두고 손전등을 물체에 가깝게 하면 그림자의 크기가 커지고, 손전등을 물체에서 멀게 하면 그림자의 크기가 작아집니다. 손전등과 스크린을 그대로 두고 물체를 손전등에 가깝게 하면 그림자의 크기가 커지고, 물체를 손전등에서 멀게 하면 그림자의 크기가 작아집니다. 그림자의 크기는 손전등과 물체 사이의 거리, 물체와 스크린 사이의 거리에 따라 달라집니다.

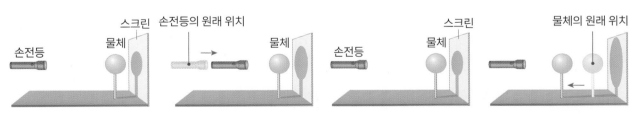

▲ 물체와 스크린을 그대로 두고 손전등을 움직일 때 　　　▲ 손전등과 스크린을 그대로 두고 물체를 움직일 때

❶ 그늘: 빛이 어떤 물체에 가리어 생긴 어두운 부분.

❷ 진하다: 빛깔·냄새 등이 짙음.

❸ 스크린: 영화나 그림자 등을 비추기 위한 막.

❹ 일직선: 한 방향으로 뻗은 곧은 금.

1 이 글을 읽고, 알 수 <u>없는</u> 내용은 무엇인가요?   (   )

① 그림자가 생기는 까닭
② 그림자의 색깔을 변화시키는 방법
③ 그림자의 크기를 변화시키는 방법
④ 물체의 모양과 그림자의 모양이 비슷한 까닭
⑤ 투명한 물체와 불투명한 물체의 그림자 차이점

2 이 글의 주요 설명 방법으로 알맞은 것은 무엇인가요?   (   )

① 시간의 순서에 따라 설명하고 있다.
② 공간의 변화에 따라 설명하고 있다.
③ 어떤 주제에 대한 주장과 근거를 제시하고 있다.
④ 다른 사람의 말이나 글을 끌어와 설명을 보충하고 있다.
⑤ 하나의 화제에 대하여 다양한 측면에서 설명하고 있다.

3 그림자가 생기는 까닭을 옳게 설명한 친구는 누구인가요?   (   )

① 영민: 물체에서 빛이 나오기 때문이야.
② 수진: 빛이 물체를 통과하기 때문이야.
③ 민영: 물체에서 빛이 반사되기 때문이야.
④ 유찬: 빛이 나아가다가 물체에 막히기 때문이야.
⑤ 민수: 빛이 물체를 지나면서 빛의 색깔이 검은색으로 변하기 때문이야.

4 이 글의 내용에 맞게 빈칸에 들어갈 알맞은 말을 쓰세요.

구분	(㉠)한 물체	(㉡)한 물체
빛이 물체를 통과하는 정도	빛이 통과하지 못함.	빛이 대부분 통과함.
그림자의 진하기	선명하고 (㉢) 그림자가 생김.	흐릿하고 (㉣) 그림자가 생김.

㉠: (   ), ㉡: (   ), ㉢: (   ), ㉣: (   )

5 ㉠과 바꾸어 쓸 수 있는 낱말은 어느 것인가요? ( )

① 반사 ② 투과 ③ 투여 ④ 투입 ⑤ 흡수

6 손전등과 물체, 스크린을 일직선으로 놓았을 때 그림자의 크기에 영향을 미치는 것은 무엇인가요? (정답 2개) ( )

① 스크린의 재질
② 물체의 투명한 정도
③ 손전등의 색깔과 밝기
④ 손전등과 물체 사이의 거리
⑤ 물체와 스크린 사이의 거리

7 이 글의 내용으로 옳은 것은 ○표, 옳지 <u>않은</u> 것은 ×표 하세요.

(1) 그림자는 물체와 빛이 있어야 생긴다. ( )
(2) 그림자의 모양은 물체가 놓인 방향에 따라 달라진다. ( )
(3) 물체가 빛을 통과시키는 정도에 따라 그림자의 크기가 달라진다. ( )
(4) 두꺼운 종이처럼 빛을 통과시키지 못하는 물체를 투명한 물체라고 한다.

( )

빛의 삼원색

빨간색, 초록색, 파란색 빛을 적절하게 합성하면 여러 가지 색의 빛을 만들 수 있으므로, 이 세 가지 빛을 '빛의 삼원색'이라고 합니다. 빛은 합성할수록 밝아지고, 빛의 삼원색을 모두 합성하면 흰색의 빛이 나타납니다.

1 다음의 뜻을 가진 낱말을 보기 에서 찾아 쓰세요.

> 보기   그늘   스크린   일직선   진하다

(1) 빛깔, 냄새 등이 짙음.   (   )

(2) 한 방향으로 뻗은 곧은 금.   (   )

(3) 영화나 그림자 등을 비추기 위한 막.   (   )

(4) 빛이 어떤 물체에 가리어 생긴 어두운 부분.   (   )

2 다음 문장에 들어갈 낱말의 바른 표기를 골라 ○표 하세요.

(1) 내 (뒤쪽 / 뒷쪽)으로도 꽤 많은 사람들이 줄을 서 있었다.

(2) 집과 (가까와 / 가까워)질수록 마음이 무거워졌다.

(3) 냉장고에 넣어 둔 달걀이 (골았다 / 곯았다).

(4) 비가 내린 뒤 들판은 유난히 푸른빛을 (띠고 / 띄고) 있었다.

(5) 부모님의 손님이 오시면 (깍듯이 / 깎듯이) 대접해야 한다.

3 다음 문장의 빈칸에는 밑줄 친 낱말과 반대의 뜻을 지닌 낱말이 들어가야 합니다. 보기 에서 찾아 알맞게 활용하여 쓰세요.

> 보기   연하다   선명하다   굽다   커지다

(1) 안경을 쓰면 글자가 _____ 보이지만 안경을 벗으면 희미하게 보인다.

(2) 엄마께서는 진한 커피를 좋아하시고, 아빠께서는 _____ 커피를 좋아하신다.

(3) 고속도로처럼 쫙 뻗은 곧은 길도 있고, 산길처럼 굽이굽이 _____ 길도 있다.

(4) 청소년기에 몸집이 _____ 입던 옷이 끼게 되고, 노년기에 몸집이 작아지면
입던 옷이 헐렁해진다.

거울에 얼굴이 비춰져 보이는 까닭

정답 확인

하루한장 앱에서
학습 인증하고
하루템을 모으세요!

 **매체 독해** 다음 만들기 자료를 보고, 물음에 답해 봅시다.

비밀 저금통 만들기

> **만드는 과정**

1 상자 도면을 접어 풀칠해 상자를 조립합니다.

2 거울을 상자 안에 대각선으로 넣고, 상자 뚜껑을 닫은 후 테이프로 고정합니다.

3 상자 안에 동전을 넣고 창으로 동전이 보이는지 관찰합니다.

> **비밀 저금통의 원리**

비밀 저금통은 빛의 반사를 이용하여 만든 것입니다. 저금통 안에 대각선으로 거울이 설치되어 있어 거울 뒤쪽을 볼 수 없습니다. 그래서 저금통 안에 동전을 넣어도 안이 비어 있는 것처럼 보입니다.

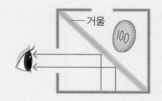

---

1 비밀 저금통의 원리를 설명한 것입니다. 빈칸에 들어갈 알맞은 말을 쓰세요.

비밀 저금통은 빛의 (㉠)을/를 이용하여 만든 것으로, 동전을 넣어도 저금통 안이 비어 있는 것처럼 보이는 까닭은 (㉡)이/가 설치되어 있어 (㉡) 뒤쪽을 볼 수 없기 때문이다.

㉠: ( ), ㉡: ( )

2 비밀 저금통을 만드는 순서에 맞게 번호를 쓰세요.

대각선으로 거울을 넣는다.	도면을 접어 상자를 만든다.	풀칠을 하여 상자를 조립한다.	상자 뚜껑을 닫고 테이프로 고정한다.
( )	( )	( )	( )

우리는 거울에 자신의 모습을 비추어 봅니다. 또 주변에 있는 사물의 모습이 거울에 비치기도 합니다. 그런데 사물의 모습이 거울에는 보이지만 종이에는 보이지 않는 까닭이 무엇일까요? 빛이 나아가다가 물체의 표면에 부딪치면 빛의 방향이 바뀌는데 이러한 현상을 빛의 **①반사**라고 합니다. 종이와 같이 표면이 매끄럽지 않은 물체는 빛을 여러 방향으로 반사하기 때문에 사물의 모습을 잘 비추지 못합니다. 하지만 거울과 같이 표면이 매끄러운 물체는 빛을 일정한 방향으로 반사하기 때문에 사물의 모습이 거울에 선명하게 비칩니다.

그렇다면 [⊙] 오른손에 칫솔을 들고 거울에 자신의 모습을 비추어 보면 거울에 비친 칫솔 색깔은 실제 칫솔 색깔과 같지만, 거울 속의 자신은 왼손에 칫솔을 들고 있는 것으로 보입니다. 이처럼 거울에 비친 물체의 모습은 상하는 바뀌어 보이지 않지만 좌우는 바뀌어 보입니다. 구급차의 앞부분에 새겨져 있는 '119 구급대'라는 문구는 글자의 좌우가 바뀌어 쓰여 있습니다. 구급차 앞부분의 글자가 좌우 반대로 쓰여 있는 것은, 구급차 앞쪽에서 자동차를 운전하는 사람이 **②뒷거울**로 구급차를 보았을 때 좌우가 바뀌어 쓰여 있는 글자가 '119 구급대'로 똑바로 보이기 때문입니다.

거울은 빛의 반사를 이용해 물체의 모습을 비추는 도구로, 거울을 사용하면 빛의 방향을 바꿀 수 있습니다. 따라서 거울을 이용하면 가려져서 보이지 않거나 내 뒤쪽에 있는 물체를 볼 수 있습니다. 예를 들어 버스 운전기사는 버스 앞부분에 설치되어 있는 뒷거울을 이용해 실제로 뒤쪽을 보지 않고도 버스 안에 있는 사람들의 행동을 관찰하거나 **③승객**이 안전하게 **④하차**한 다음에 버스 문을 닫습니다.

거울을 사용하면 한 물체를 여러 개로 보이게 할 수도 있습니다. 거울 두 개를 세워 두고 그 사이에 물체를 놓으면 거울에 비친 물체의 모습이 여러 개 보이는데, 이것은 한쪽 거울에 비친 물체의 모습이 다른 쪽 거울에도 비쳐 모습을 또 만들기 때문입니다. 만화경은 여러 개의 거울을 사용하여 만든 장난감입니다. 만화경 안에 여러 가지 색깔의 색종이 조각이나 구슬 등을 놓으면 다양한 무늬가 만들어지면서 아름다운 모양을 볼 수 있습니다.

---

❶ **반사**: 빛이 한 방향으로 나아가다가 어떤 물체에 부딪혀서 방향이 바뀌는 것.
❷ **뒷거울**: 뒤쪽을 볼 수 있게 만든 거울.
❸ **승객**: 차, 버스, 비행기 따위의 탈것을 타는 손님.
❹ **하차**: 차에서 내리는 것.

1 이 글에 대한 설명으로 옳은 것은 무엇인가요? ( )

① 빛의 직진에 대해 설명한 글이다.

② 거울로 장난감을 만드는 과정을 설명한 글이다.

③ 거울과 유사한 성질을 가진 물체에 대해서 설명한 글이다.

④ 거울에 사물의 모습이 비치는 까닭과 이를 활용한 예를 설명한 글이다.

⑤ 일상생활에서 표면이 매끄럽지 않은 물체를 활용한 예를 설명한 글이다.

2 빛의 반사를 바르게 이해한 친구는 누구인가요? ( )

① 서아: 빛이 계속 곧게 나아가는 성질이야.

② 효빈: 빛이 나아가다가 물체를 만나면 빛의 색깔이 바뀌는 현상이야.

③ 승민: 빛이 나아가다가 물체를 만나면 빛이 물체를 통과하는 현상이야.

④ 지유: 빛이 나아가다가 물체를 만나면 빛이 물체에 흡수되는 현상이야.

⑤ 서호: 빛이 나아가다가 물체에 부딪치면 빛의 방향이 바뀌는 현상이야.

3 다음 질문에 대한 대답입니다. 빈칸에 들어갈 알맞은 말을 쓰세요.

> 질문 종이에 사물의 모습이 잘 비치지 않는 까닭은 무엇인가요?
>
> 대답 종이는 빛을 ( ) 방향으로 반사하기 때문에 사물의 모습을 잘 비추지 못합니다.

4 ㉠에 들어갈 문장으로 알맞은 것은 무엇인가요? ( )

① 빛이 종이 표면에서 어떻게 반사될까요?

② 거울로 어떻게 장난감을 만들 수 있을까요?

③ 거울을 사용하여 빛의 방향을 어떻게 바꿀 수 있을까요?

④ 거울에 비친 물체의 크기를 변화시키려면 어떻게 해야 할까요?

⑤ 거울에 비친 물체의 모습은 실제 물체의 모습과 어떻게 다를까요?

5 이 글의 내용과 일치하지 <u>않은</u> 것은 무엇인가요?　（　　　　）

① 표면이 매끄럽지 않은 물체는 빛을 여러 방향으로 반사한다.

② 빛이 나아가다가 거울에 부딪치면 빛의 방향이 바뀌게 된다.

③ 거울에 비친 물체의 모습은 실제 물체의 모양과 좌우만 바뀌어 보인다.

④ 거울을 사용하면 가려져서 보이지 않거나 뒤쪽에 있는 물체를 볼 수 있다.

⑤ 거울 두 개를 세워 놓고 그 사이에 물체를 놓으면 거울에 물체의 모습이 비치지 않는다.

6 구급차 앞부분에 새겨진 문구의 모양으로 알맞은 것을 골라 ○표 하세요.

119 구급대	119 구급대 (좌우반전)	119 구급대 (상하반전)
（　　　　）	（　　　　）	（　　　　）

7 다음 질문에 댓글을 쓴 내용입니다. 옳은 답변을 한 친구의 이름을 쓰세요.

> 질문　그리스 신화에서 미소년 나르키소스는 목이 말라 호수에 갔다가 물에 비친 자신의 모습을 사랑하게 되었습니다. 나르키소스의 모습을 비춘 호수는 어떤 상태였을까요?
>
> └→ 연주: 물결이 잔잔했을 거야.
>
> └→ 수진: 물결이 일렁이고 있었을 거야.
>
> └→ 유찬: 물결이 출렁이고 있었을 거야.

（　　　　　　　　　　）

만화경

만화경은 스코틀랜드 출신의 물리학자인 데이비드 브루스터가 발명한 장난감입니다. 크기가 같은 길쭉한 3개의 평면거울을 서로 이어 붙여 만들고, 그 안에 여러 가지 색깔의 색종이 조각 등을 놓아 두면 색종이 조각의 위치에 따라 다양한 무늬가 만들어집니다.

1 다음 낱말의 뜻으로 알맞은 것을 바르게 선으로 이어 보세요.

(1) 뒷거울 •

(2) 반사 •

(3) 하차 •

• ㉠ 차에서 내리는 것.

• ㉡ 뒤쪽을 볼 수 있게 만든 거울.

• ㉢ 빛이 한 방향으로 나아가다가 어떤 물체에 부딪혀서 방향이 바뀌는 것.

2 다음 빈칸에 들어갈 말의 뜻을 보고, 알맞은 낱말을 골라 ○표 하세요.

(1) 풍경 사진이 _____하게 잘 나왔다.
└ 산뜻하고 뚜렷하여 다른 것과 혼돈되지 않음.

서명 　 선명 　 설명

(2) 잘못을 저지르니 _____이 두려워졌다.
└ 어떤 일로 뒷날 생기는 걱정과 근심.

후환 　 후진 　 후학

(3) 이야기를 _____(으)로 지어내었다.
└ 사실에 없는 일을 사실처럼 꾸며 만듦.

허공 　 허상 　 허구

3 다음은 '타다'의 뜻을 가진 '승(乘)'이라는 한자어와 결합하여 만들어진 낱말입니다. 문장의 빈칸에 들어갈 알맞은 낱말을 보기 에서 찾아 쓰세요.

보기 　 승객 　 　 승차 　 　 승무원 　 　 승합차 　 　 승강장

(1) 비행기 _____은/는 일을 하면서 여러 곳을 다닐 수 있다.

(2) 출퇴근 시간에는 지하철 _____이/가 많아 발 디딜 틈이 없다.

(3) 모든 학생들이 버스에 _____한 것을 확인한 후에 차가 움직였다.

(4) 할머니께서는 _____까지 따라 오셔서 누나와 나를 배웅해 주셨다.

(5) 우리집은 삼대가 모여 사는 대가족이므로 이번에 _____(으)로 바꾸었다.

옷 가게에 어떤 거울을 설치 해야 할까요?

매체 독해 다음 그림 자료를 보고, 물음에 답해 봅시다.

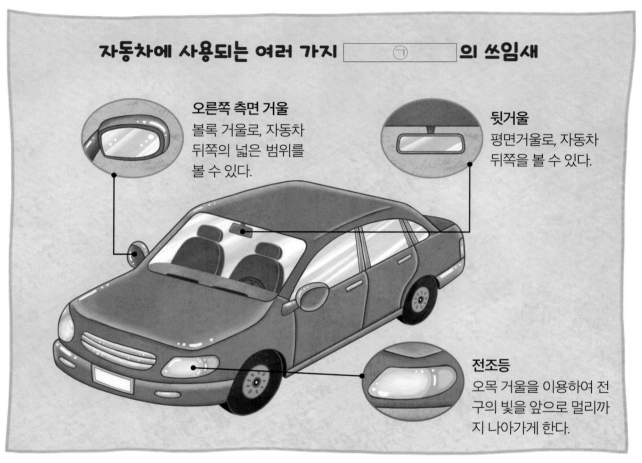

자동차에 사용되는 여러 가지 ⟨ ㉠ ⟩의 쓰임새

오른쪽 측면 거울
볼록 거울로, 자동차
뒤쪽의 넓은 범위를
볼 수 있다.

뒷거울
평면거울로, 자동차
뒤쪽을 볼 수 있다.

전조등
오목 거울을 이용하여 전
구의 빛을 앞으로 멀리까
지 나아가게 한다.

1 이 그림 자료에서 ㉠에 들어갈 알맞은 말을 쓰세요.

( )

2 이 그림 자료를 보고, 자료의 내용을 옳게 이해한 친구의 이름을 모두 쓰세요.

- 미래: 평면거울을 이용하면 빛을 멀리까지 나아가게 할 수 있어.
- 대한: 볼록 거울을 이용하면 자동차 뒤쪽의 넓은 범위를 볼 수 있어.
- 효민: 자동차에 설치된 거울로 직접 보기 어려운 다른 자동차의 위치를 알 수 있어.

( )

우리는 주변에서 다양한 거울을 볼 수 있습니다. 거울은 거울면의 모양에 따라 평면거울, 볼록 거울, 오목 거울로 분류합니다. 각 거울의 특징과 쓰임새를 알아봅시다.

▲ 거울의 종류

평면거울은 거울면이 평평한 거울입니다. 평면거울은 거울에 비친 물체의 모습이 실제 물체와 크기가 같기 때문에 일상생활에서 가장 많이 이용하는 거울입니다. 무용실에서는 ❶무용수가 평면거울로 자신의 동작을 확인하며, 상점에서는 평면거울을 설치하여 실내가 넓어 보이게 합니다.

볼록 거울은 숟가락의 볼록한 부분처럼 거울면의 가운데가 볼록한 거울입니다. 볼록 거울은 거울에서 반사된 빛을 퍼트리는 성질이 있고, 평면거울보다 넓은 범위를 볼 수 있습니다. 그래서 도로의 안전 거울이나 상점의 ❷방범용 거울, 자동차의 오른쪽 ❸측면 거울에 사용됩니다. 구부러진 도로에 안전 거울을 설치하면 보이지 않는 곳에서 오는 차를 미리 거울로 볼 수 있어 위험에 대비할 수 있습니다. 방범용 거울로는 상점 안의 모습을 한눈에 볼 수 있어 도난 사고를 방지할 수 있습니다. 볼록 거울에 비쳐 보이는 물체의 모습은 실제보다 크기가 작게 보이므로 멀리 있는 것처럼 보입니다. 따라서 자동차 오른쪽 측면 거울에는 '사물이 거울에 보이는 것보다 ⬚⬚⬚ㄱ⬚⬚ 있음.'이라는 문구가 쓰여 있습니다.

오목 거울은 숟가락의 오목한 부분처럼 거울면이 오목하게 들어간 거울입니다. 오목 거울은 물체의 모습을 크게 확대할 수 있어 화장용 거울이나 치과용 거울에 사용됩니다. 오목 거울은 볼록 거울과는 반대로 거울에서 반사된 빛을 모으는 성질이 있기 때문에 ❹성화를 ❺채화할 때나 태양열 조리기로 음식을 조리할 때 사용됩니다. 또 먼 곳까지 빛을 내보내야 하는 자동차 ❻전조등이나 손전등에도 오목 거울이 쓰입니다. 옷 가게에 설치된 전신 거울도 오목 거울로 만드는 경우가 많습니다. 그 까닭은 오목 거울로 만든 전신 거울이 살짝 기울어진 상태로 설치되어 있어 거울에 몸을 비추어 보면 실제보다 키가 커 보이고 날씬해 보이는 효과가 생기기 때문입니다.

------

❶ **무용수**: 극단이나 무용단에서 춤을 추는 일을 전문적으로 하는 사람.
❷ **방범**: 범죄가 일어나지 않도록 미리 살피고 막는 것.
❸ **측면**: 옆면, 왼쪽이나 오른쪽의 면.
❹ **성화**: 규모가 큰 체육 경기에서 경기장에 켜 놓는 횃불.
❺ **채화**: 오목 거울로 태양 광선을 모아 불을 얻음.
❻ **전조등**: 기차나 자동차에서 앞을 비추기 위해 앞에 단 등.

1 이 글의 제목으로 알맞은 것은 무엇인가요? ( )

① 거울은 어떻게 만들어질까요?

② 거울은 언제부터 사용되었을까요?

③ 빛이 거울에 부딪치면 어떻게 될까요?

④ 우리 생활에서 거울은 어떻게 쓰일까요?

⑤ 거울로 물체의 모습을 여러 개 만들 수 있는 방법은 무엇일까요?

2 평면거울에 대한 설명으로 옳은 것을 보기 에서 골라 기호를 쓰세요.

> 보기   ㉠ 볼록 거울보다 넓은 범위를 볼 수 있다.
>   ㉡ 거울에 비친 물체의 모습이 실제 모습보다 크기가 작다.
>   ㉢ 상점에서는 평면거울을 설치하여 실내를 넓어 보이게 한다.

( )

3 이 글을 읽고, 거울을 구분한 기준에 해당하는 알맞은 말을 쓰세요.

기준   거울면의 ( )

평면거울	오목 거울	볼록 거울
거울면이 평평한 거울	거울면이 오목한 거울	거울면이 볼록한 거울

4 ㉠에 들어갈 말로 알맞은 것은 무엇인가요? ( )

① 낮게   ② 높게   ③ 멀리

④ 위에   ⑤ 가까이

5 이 글의 내용과 일치하지 <u>않은</u> 것은 무엇인가요? ( )

① 오목 거울은 화장용 거울이나 치과용 거울에 사용된다.

② 볼록 거울은 거울에서 반사된 빛을 퍼트리는 성질이 있다.

③ 옷 가게에서는 볼록 거울을 이용한 전신 거울을 주로 설치한다.

④ 오목 거울은 먼 곳까지 빛을 내보내야 하는 자동차 전조등이나 손전등에 사용된다.

⑤ 숟가락의 볼록한 면은 볼록 거울, 숟가락의 오목한 면은 오목 거울과 비슷한 역할을 한다.

6 다음은 어떤 거울의 특징을 설명한 것인지 쓰세요.

> • 빛을 한 점에 모은다.
> • 확대된 물체의 모습을 볼 수 있다.

( )

7 볼록 거울의 쓰임새에 대한 사진 자료를 넣을 때 알맞은 것을 골라 ○표 하세요.

( ) ( ) ( )

배경 +지식 넓히기

거울 만들기

거울은 빛의 반사를 이용해 물체를 비추어 볼 수 있도록 만든 도구입니다. 현재 널리 사용되고 있는 거울은 은이나 알루미늄을 유리에 도금하여 만든 것입니다. 도금된 금속의 표면은 매우 매끄러워 선명한 모습을 볼 수 있습니다.

1 다음의 뜻을 가진 낱말을 보기 에서 찾아 쓰세요.

> 보기   방범   채화   무용수   전조등

(1) 오목 거울로 태양 광선을 모아 불을 얻음.   (   )

(2) 범죄가 일어나지 않도록 미리 살피고 막는 것.   (   )

(3) 기차나 자동차에서 앞을 비추기 위해 앞에 단 등.   (   )

(4) 극단이나 무용단에서 춤을 추는 일을 전문으로 하는 사람.   (   )

2 다음의 초성을 보고 빈칸에 공통으로 들어갈 알맞은 낱말을 쓰세요.

(1) 이 ㅈ ㅅ 거울은 실제보다 다리가 길어 보인다.

   공포 영화를 보면 ㅈ ㅅ 에 소름이 쫙 끼친다.

(2) 현미경으로 미세한 물체를 ㅎ ㄷ 하여 관찰할 수 있다.

   할아버지께서 돋보기로 글자를 ㅎ ㄷ 하여 보고 계신다.

3 다음 밑줄 친 낱말을 따라 쓰고, 이와 바꾸어 쓸 수 있는 낱말을 보기 에서 찾아 쓰세요.

> 보기   구절   이유   함부로

(1) 동생이 울고 있었던 <u>까닭</u>이 궁금하다.   까닭 ― [   ]

(2) 마음에 드는 <u>문구</u>에 밑줄을 그었다.   문구 ― [   ]

(3) 컴퓨터를 <u>허투루</u> 썼더니 금세 망가졌다.   허투루 ― [   ]

가로세로 퍼즐을 완성하며, 주제3에서 공부한 용어의 뜻을
다시 한번 떠올려 봐요.

가로 열쇠

❷ 한 방향으로 뻗은 곧은 금.

❺ 원통 속에 여러 색깔의 색종이 조각을 넣어 대칭되는 무늬가 나타나도록 만든 장난감.

❻ 사람이 느껴 알 수 있는 상태.

❾ 숟가락의 볼록한 부분처럼 거울면의 가운데가 볼록한 거울.

⓫ 공간으로 넓게 멀리 퍼지는 성질이 있어서 무선 통신에 사용되는 파동.

⓬ 물체가 빛을 가려서 그 물체의 뒤쪽에 생기는 그늘.

세로 열쇠

❶ 세종 16년(1434년)에 장영실, 이천, 김조 등이 만들었던 해시계.

❸ 통신을 전선 없이 전파로 함. 반대 유선

❹ 오목 거울로 태양 광선을 모아 불을 얻음.

❼ 위와 아래.

❽ 숟가락의 오목한 부분처럼 거울면이 오목하게 들어간 거울.

❿ 전쟁에서 싸우는 것. 예 밤새 적과 □□을 벌였다.

⓬ 빛이 어떤 물체에 가리어 생긴 어두운 부분.

주제

4

식물 이야기

이번 주에 공부할 내용에 대한
주간 학습 계획을 세워 보세요.

매체 독해 다음 뉴스 화면을 보고, 물음에 답해 봅시다.

대재앙을 대비한 거대한 '씨앗 창고'

2008년 북극 노르웨이령 스발바르 제도에 특별한 창고가 세워졌습니다. 이 창고의 이름은 '스발바르 국제⊙종자저장고'로, 일명 '인류 최후의 날 저장고'라고도 불립니다. 이곳은 인류에게 대재앙이 닥쳤을 경우를 대비하여 대부분의 생물이 사라져도 후손들이 살아남을 수 있도록 식물의 씨앗을 저장하는 곳입니다. 이 저장고는 강한 지진은 물론 핵전쟁이나 소행성 충돌에도 버틸 수 있을 만큼 튼튼하게 지어졌습니다. 또 1년 내내 영하 18 ℃를 유지해 주는 냉동 장치가 설치되어 있어 씨앗이 싹을 틔우는 것을 막아 줍니다. 이곳에는 매년 수만 ~ 수십만 개의 씨앗이 들어오는데, 지금까지 총 100만 개가 넘는 씨앗을 보관하고 있습니다.

1 이 글에서 ⊙과 뜻이 같은 낱말을 찾아 쓰세요.

(   )

2 스발바르 국제종자저장고에 대한 설명으로 옳지 <u>않은</u> 것은 무엇인가요? (   )

① 매우 춥고 척박한 땅에 세워졌다.

② '인류 최후의 날 저장고'라고도 불린다.

③ 현재 100만 개 정도의 씨앗을 보관하고 있다.

④ 지진이나 소행성 충돌에 버틸 수 있도록 튼튼하게 지어졌다.

⑤ 주로 식물 연구나 이익을 목적으로 활용하기 위해 씨앗을 보관한다.

'씨앗'은 싹이 터서 새로운 식물이 될 수 있는 것으로, 다른 말로 '종자'라고도 합니다. 씨앗에는 새로운 식물이 될 부분인 '배'와 씨가 싹 터서 자라는 데 필요한 ❶양분이 저장되어 있는 '배젖'이 있습니다. 씨앗은 알맞은 온도에서 물을 충분히 흡수하면 껍질이 부풀면서 싹이 트는데, 이것을 '발아'라고 합니다.

2010년 여름, 경남 함안 박물관 앞마당에는 700년 된 씨앗이 발아하여 연꽃 한 송이가 피어났습니다. 수백 년 된 씨앗이 어떻게 싹을 틔우고 자랄 수 있었을까요? 오래된 씨앗도 싹이 트기에 알맞은 조건이 갖추어지면 발아를 할 수 있기 때문입니다. 씨앗은 물, 온도 등의 조건이 알맞으면 발아를 합니다. 만약 발아 조건이 알맞지 않으면 씨앗은 싹을 틔우지 않고 ❷휴면 상태를 유지합니다. 이러한 씨앗의 성질을 이용하여 여러 가지 씨앗을 저장해 두었다가 필요할 때 꺼내어 쓸 수 있는 종자 은행이 만들어졌습니다.

종자 은행은 생물의 다양성을 보존하기 위해 식물의 씨앗을 수집하고 저장하는 기관으로, 여러 가지 일을 합니다. 첫 번째는 ❸자연재해나 기후 변화, 질병 등에 대비하여 쌀, 밀, 옥수수, 콩 같은 식용 식물의 씨앗을 보관합니다. 두 번째는 특정한 ❹품종의 멸종을 방지하거나 각 품종이 가진 유용한 ❺유전 정보를 보존합니다. 세 번째는 씨앗을 연구하여 새로운 식량을 만들기 위한 품종을 개발하고, 씨앗에서 새로운 물질을 찾아내는 일을 합니다.

우리나라도 고유의 종자를 지키고 보존하기 위해 종자 은행을 운영하고 있습니다. 우리나라의 종자 은행은 농촌 진흥청의 국립 농업 유전 자원 센터, 국립 수목원 등에 있습니다. 이곳에서는 우리 생활에 필요한 ❻작물들의 씨앗을 품종별로 정리하여 저장하고, 이를 필요한 농가에 공급하고 있습니다. 또 씨앗의 품종을 ❼개량하거나, 농업 생산량을 늘릴 수 있는 우수한 씨앗을 개발하는 일도 하고 있습니다.

---

❶ **양분**: 생물이 살아가기 위해 필요한 영양 성분.
❷ **휴면**: 생물의 활동 또는 자라는 과정이 일시적으로 정지되는 것.
❸ **자연재해**: 태풍, 가뭄, 홍수, 지진 등 피할 수 없는 자연 현상으로 인하여 일어나는 재해.
❹ **품종**: 같은 종의 생물을 그 특성에 따라 나눈 종류.
❺ **유전**: 고유한 특징이 다음 세대에 전해지는 것.
❻ **작물**: 논밭에 심어 가꾸는 곡식이나 채소.
❼ **개량**: 질이나 기능을 고쳐서 더 좋게 만드는 것.

1 이 글의 제목으로 알맞은 것은 무엇인가요? ( )

① 씨앗의 뜻
② 씨앗의 구조
③ 씨앗의 발아 조건
④ 씨앗을 이용한 상품
⑤ 씨앗을 보관하는 종자 은행

2 이 글의 내용을 참고하여 씨앗이 발아하는 데 반드시 필요한 조건을 골라 ○표 하세요.

물	햇빛	온도	바람
☐	☐	☐	☐

3 다음은 씨앗의 구조를 나타낸 것입니다. 빈칸에 들어갈 알맞은 말을 쓰세요.

씨앗

( )
새로운 식물이 될 부분.

( )
씨가 싹 터서 자라는 데 필요한 양분이 저장되어 있는 부분.

4 종자 은행을 만들 때 이용되는 씨앗의 성질로 알맞은 것을 골라 ○표 하세요.

씨앗은 자신에게 유리한 유전 정보를 보존한다.	씨앗은 씨앗 내부에 발아를 위한 양분을 저장한다.	씨앗은 발아를 하기에 적절한 환경이 될 때까지 휴면 상태를 유지한다.
☐	☐	☐

5 이 글의 내용을 바탕으로 빈칸에 들어갈 알맞은 말을 쓰세요.

종자 은행은 생물의 (　　　　　　　　)을/를 보존하기 위해 식물의 (　　　　　　)
을/를 수집하고 저장하는 기관이다.

6 이 글에서 말한 종자 은행이 하는 일이 <u>아닌</u> 것은 무엇인가요?　　　　(　　　　)

① 식용 식물의 씨앗을 보관한다.
② 특정한 품종의 멸종을 방지한다.
③ 각 품종이 가진 유용한 유전 정보를 보존한다.
④ 씨앗을 연구하여 새로운 식량이 될 품종을 개발한다.
⑤ 토종 식물, 재래 작물의 품종을 사람들에게 알리고 나누어 준다.

7 이 글의 내용과 일치하지 <u>않은</u> 것은 무엇인가요?　　　　(　　　　)

① 종자 은행에서는 씨앗에서 새로운 물질을 찾아내는 일을 한다.
② 2010년에 700년 된 씨앗이 발아하여 연꽃을 피운 일이 있었다.
③ 우리나라의 종자 은행에 보관된 일부 씨앗은 꺼내어 쓸 수 없다.
④ 씨앗은 적절한 환경이 갖추어진다면 오랜 기간 생명력을 유지한다.
⑤ 우리나라의 종자 은행은 농촌 진흥청의 국립 농업 유전 자원 센터, 국립 수목원 등에
　 있다.

배경 +지식 넓히기

종자식물
종자식물은 지구상의 식물 대부분을 차지하고 있으며, 세계적으로 20여 만 종이 있는 것으로 알
려져 있습니다. 종자식물은 씨앗으로 번식하며, 겉씨식물과 속씨식물로 나뉩니다.

1 다음 낱말의 뜻으로 알맞은 것을 바르게 선으로 이어 보세요.

(1) 개량 •

(2) 양분 •

(3) 유전 •

(4) 작물 •

• ㉠ 논밭에 심어 가꾸는 곡식이나 채소.

• ㉡ 고유한 특징이 다음 세대에 전해지는 것.

• ㉢ 생물이 살아가기 위해 필요한 영양 성분.

• ㉣ 질이나 기능을 고쳐서 더 좋게 만드는 것.

2 다음 문장에 알맞은 낱말을 찾아 ○표 하세요.

(1) 약을 먹고 (숙면 / 휴면)을 취했더니 몸살이 씻은 듯이 나았다.

식물의 (숙면 / 휴면)이 충분하지 않으면 꽃의 품질이 떨어진다.

(2) 강물 위에 종이배를 (띄우고 / 틔우고) 소원을 빌었다.

마당가의 나무가 봄비를 맞아 잎을 (띄우고 / 틔우고) 있다.

(3) 환경을 (보존 / 잔존)하기 위해서는 일회용품 사용을 줄여야 한다.

아직도 남아 선호 사상이 (보존 / 잔존)하고 있다니 기가 막힌다.

3 다음 문장에서 밑줄 친 낱말이 어떤 뜻으로 사용되었는지 기호를 쓰세요.

개발하다

㉠ 토지나 천연자원 따위를 유용하게 만들다.

㉡ 산업이나 경제 따위를 발전하게 하다.

㉢ 새로운 물건을 만들거나 새로운 생각을 내어놓다.

(1) 전염병을 치료하기 위한 약품을 개발하였다. (   )

(2) 호수 주변을 관광지로 개발하기로 결정하였다. (   )

(3) 미래에는 인공 지능을 이용한 산업을 개발해야 한다. (   )

 **매체 독해** 다음 카드 뉴스를 보고, 물음에 답해 봅시다.

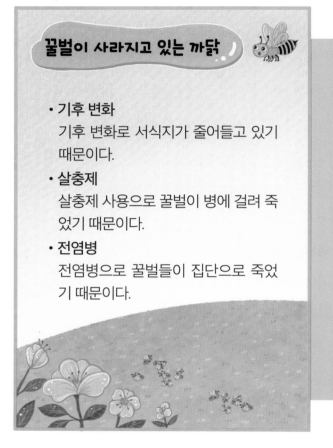

꿀벌이 사라지고 있는 까닭

- **기후 변화**
  기후 변화로 서식지가 줄어들고 있기 때문이다.
- **살충제**
  살충제 사용으로 꿀벌이 병에 걸려 죽었기 때문이다.
- **전염병**
  전염병으로 꿀벌들이 집단으로 죽었기 때문이다.

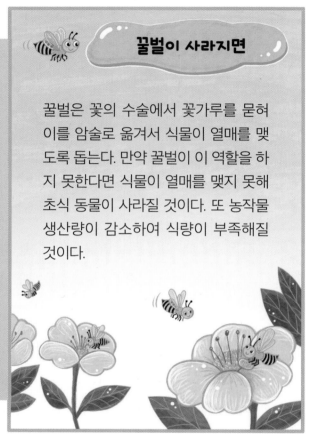

꿀벌이 사라지면

꿀벌은 꽃의 수술에서 꽃가루를 묻혀 이를 암술로 옮겨서 식물이 열매를 맺도록 돕는다. 만약 꿀벌이 이 역할을 하지 못한다면 식물이 열매를 맺지 못해 초식 동물이 사라질 것이다. 또 농작물 생산량이 감소하여 식량이 부족해질 것이다.

1 이 글의 내용을 참고하여 빈칸에 들어갈 알맞은 말을 쓰세요.

> 꿀벌이 사라지고 있는 까닭은 기후 변화로 (   )이/가 줄어들고 있고,
> (   ) 사용으로 꿀벌들이 병에 걸려 죽었기 때문이다.

2 다음 중 꿀벌에 대한 설명으로 옳은 것은 ○표, 옳지 <u>않은</u> 것은 ×표 하세요.

(1) 전염병으로 꿀벌들이 집단으로 죽는 현상이 일어났다. (   )

(2) 꿀벌은 꽃의 암술에서 묻힌 꽃가루를 수술로 옮겨 식물이 열매를 맺도록 돕는다.

(   )

(3) 만약 꿀벌이 사라진다면 식물이 열매를 맺지 못하고, 이로 인해 식량이 부족해질 것이다. (   )

꽃은 식물의 종류에 따라 모양과 색깔이 다양하지만, 대부분의 꽃은 ❶암술, ❷수술, 꽃잎, 꽃받침으로 이루어져 있습니다. 암술은 암술머리, 암술대, 씨방으로 이루어져 있으며, 꽃가루를 받아 열매를 만드는 곳입니다. 수술은 꽃밥과 수술대로 이루어져 있으며, 꽃밥에서 꽃가루를 만듭니다. 꽃잎은 암술과 수술을 보호하고, 꽃받침은 꽃의 가장 바깥 부분으로, 꽃잎을 받치고 보호하는 역할을 합니다. 하지만 모든 꽃이 이러한 구조를 가지고 있는 것은 아닙니다. 수세미오이꽃처럼 암술, 수술, 꽃잎, 꽃받침 중 일부가 없는 것도 있습니다.

▲ 사과꽃의 구조

꽃의 역할은 씨를 만드는 것입니다. 씨를 만들려면 수술에서 만들어진 꽃가루가 암술에 옮겨 붙어야 하는데, 이 과정을 '꽃가루받이'라고 합니다. 그런데 식물은 스스로 움직일 수 없으므로 꽃가루받이는 곤충, 바람, 물, 새 등의 도움으로 이루어집니다.

식물의 꽃은 꽃가루받이 방법에 따라 충매화, 풍매화, 수매화, 조매화 등으로 구분됩니다. 충매화는 꽃가루가 벌, 나비 등 곤충에 의해 암술로 옮겨지는 꽃입니다. 충매화는 곤충을 ❸유인하기 위해서 꽃이 화려하고 향기가 나며, ❹꿀샘이 발달해 있습니다. 코스모스, 연꽃 등이 충매화에 해당합니다. 풍매화는 꽃가루가 바람에 날려 암술로 이동하는 꽃을 말하는데, 꽃을 피우는 식물의 10 % 정도가 풍매화입니다. 풍매화는 바람이 꽃가루를 암술로 잘 운반한다는 보장이 없기 때문에 많은 양의 꽃가루를 만듭니다. 풍매화에는 벼, 소나무, 은행나무 등이 있습니다. 수매화는 꽃가루가 물에 의해 암술로 이동하는 꽃을 말합니다. 검정말, 물수세미 같이 주로 강이나 ❺개천에 사는 식물이 수매화에 해당합니다. 조매화는 꽃가루가 새에 의해 암술로 옮겨지는 꽃으로, 새가 꿀을 빨기 좋은 모양으로 꽃의 구조가 발달되어 있습니다. 조매화에는 동백나무, 바나나 등이 있습니다.

----

❶ **암술**: 꽃에서 수술로부터 꽃가루를 받아 씨를 맺게 하는 기관.
❷ **수술**: 꽃의 가운데에 나 있어서 암술에 꽃가루를 묻혀 씨를 맺게 하는 기관.
❸ **유인**: 남을 속이거나 꾀어 끌어들이는 것.
❹ **꿀샘**: 꽃이나 잎 따위에서 단물을 내는 조직이나 기관.
❺ **개천**: 시내보다는 크지만 강보다는 작은 물줄기.

1 이 글에서 알 수 없는 내용은 무엇인가요? ( )

① 꽃의 구조   ② 꽃의 역할   ③ 꽃의 크기

④ 꽃가루받이의 뜻   ⑤ 꽃가루받이의 방법

2 꽃에 대한 설명으로 옳은 것은 무엇인가요? ( )

① 꽃은 씨를 만드는 역할을 한다.

② 꽃받침은 암술과 수술을 보호한다.

③ 꽃의 암술에서 꽃가루가 만들어진다.

④ 모든 식물은 스스로 꽃가루받이를 할 수 있다.

⑤ 모든 꽃은 암술, 수술, 꽃잎, 꽃받침으로 이루어져 있다.

3 두 낱말의 관계가 '암술' - '수술'의 관계와 비슷한 것은 무엇인가요? ( )

① 이 - 치아   ② 날씨 - 일기   ③ 국가 - 나라

④ 경치 - 풍경   ⑤ 낮다 - 높다

4 다음 꽃의 설명으로 알맞은 것을 바르게 선으로 이어 보세요.

(1) 충매화 •   • ㉠ 꽃가루가 바람에 날려 암술로 이동하는 꽃.

(2) 풍매화 •   • ㉡ 꽃가루가 곤충에 의해 암술로 옮겨지는 꽃.

(3) 수매화 •   • ㉢ 꽃가루가 새에 의해 암술로 옮겨지는 꽃.

(4) 조매화 •   • ㉣ 꽃가루가 물에 의해 암술로 이동하는 꽃.

5 꽃의 종류를 다음과 같이 분류한 기준을 쓰세요.

식물의 (   ) 방법

충매화	풍매화	수매화	조매화
코스모스, 연꽃 등	벼, 소나무 등	검정말, 물수세미 등	동백나무, 바나나 등

6 이 글에 대한 설명으로 옳은 것은 ○표, 옳지 <u>않은</u> 것은 ×표 하세요.

(1) 충매화는 향기가 나지 않는다.   (   )

(2) 풍매화는 적은 양의 꽃가루를 만든다.   (   )

(3) 곤충, 새, 바람 등이 꽃가루받이를 도와준다.   (   )

(4) 물수세미와 검정말은 물에 의해 꽃가루가 옮겨진다.   (   )

7 다음 중 충매화는 무엇인가요? (정답 2개)   (   )

①
▲ 연꽃

②
▲ 은행나무

③
▲ 동백나무

④
▲ 소나무

⑤
▲ 코스모스

**배경
+지식
넓히기**

식물의 번식 방법

식물은 씨를 만들어 번식하거나 잎이나 줄기, 뿌리 등 영양 기관에 의해 번식하기도 합니다. 이 중 영양 기관을 이용하여 번식하는 것은 씨앗으로 번식할 때보다 식물이 자라서 열매를 맺는 데 걸리는 시간이 적고 우수한 품종을 그대로 보존할 수 있다는 장점이 있습니다.

1 다음의 뜻을 가진 낱말을 보기 에서 찾아 쓰세요.

> 보기　　　　　꿀샘　　　암술　　　수술　　　유인

(1) 남을 속이거나 꾀어 끌어들이는 것.　　　　　　　　　　　　　(　　　　　)

(2) 꽃이나 잎 따위에서 단물을 내는 조직이나 기관.　　　　　　　(　　　　　)

(3) 꽃에서 수술로부터 꽃가루를 받아 씨를 맺게 하는 기관.　　　(　　　　　)

(4) 꽃의 가운데에 나 있어서 암술에 꽃가루를 묻혀 씨를 맺게 하는 기관.

　　　　　　　　　　　　　　　　　　　　　　　　　　　　　　　(　　　　　)

2 다음 문장에 들어갈 알맞은 낱말을 골라 ○표 하세요.

(1) { 농구 선수는 경기가 (종료 / 종류)되기 1분 전에 골을 넣었다.
　　 뷔페에서 빈 접시에 먹고 싶은 음식을 (종료 / 종류)별로 담았다.

(2) { 동생은 생일을 (운반하여 / 운운하며) 용돈을 달라고 떼를 썼다.
　　 도자기 그릇을 조심히 (운반하여 / 운운하며) 깨뜨리지 않았다.

(3) { 국가는 국민의 안전을 (보장해야 / 보상해야) 한다.
　　 다른 사람에게 피해를 주었을 때에는 그것을 (보장해야 / 보상해야) 한다.

3 다음 빈칸에 들어갈 말의 뜻을 보고, 알맞은 낱말을 보기 에서 찾아 활용하여 쓰세요.

> 보기　　　　이동하다　　　해당하다　　　발달하다

(1) 성장기의 어린이는 뼈와 근육이 빠르게 ＿＿＿＿＿＿＿＿.
　　　　　　　　　　　　　　　└ 성장하여 제 모습을 갖추거나 기능이 낫게 변한다.

(2) 우리는 음악실로 ＿＿＿＿＿＿＿＿ 합창 대회 연습을 했다.
　　　　　　└ 움직여 옮기거나 자리를 바꾸어.

(3) 신라의 옛 수도에 ＿＿＿＿＿＿＿＿ 지역이 지금의 경주이다.
　　　　　　└ 바로 들어맞거나 속하는.

벼를 왜 해마다 심어야 할까요?

 **매체 독해** 다음 안내문을 보고, 물음에 답해 봅시다.

내 손으로 농촌을 물들이다!

친환경 손 모내기 체험

'모내기'란 모(벼의 싹)를 못자리에서 논으로 옮겨 심는 것을 말합니다. 요즘에는 기계로 모를 심지만 예전에는 사람들이 직접 모를 심는 방식으로 모내기를 했습니다. 농경 체험 마을에서 손 모내기 체험 행사를 진행합니다. 시민 여러분의 많은 참여 바랍니다.

❯**일정**   20○○년 5월 7일, 5월 13일
❯**장소**   ○○시 농경 체험 마을
❯**참가비** 1인당 2,000원(선착순 50명)
❯**내용**
 • 벼의 한살이 영상 시청
 • 모내기 방법 설명 및 모내기소리 연습
 • 논에 가서 직접 모내기하기
 • 사물놀이 공연 관람

---

1 이 안내문을 보고, 빈칸에 들어갈 알맞은 말을 쓰세요.

> 모를 못자리에서 논으로 옮겨 심는 것을 (   )(이)라고 한다.

2 이 안내문에 대한 설명으로 옳지 <u>않은</u> 것은 무엇인가요?   (   )

① 손 모내기 체험 행사는 5월에 2번 진행한다.

② 손 모내기 체험은 참가 인원이 제한되어 있다.

③ 손 모내기는 기계를 사용하지 않아 친환경적이다.

④ 체험에 참가하면 논에 가서 직접 모를 심어볼 수 있다.

⑤ 체험을 통해 사물놀이의 악기를 다루는 법을 익힐 수 있다.

봄과 여름 사이에 농촌을 방문하면 해마다 **❶**모내기를 하는 모습을 볼 수 있습니다. 이 시기에 모내기를 하면 논에서 벼가 자라고, 가을이 되어 벼가 누렇게 변하면 거두어들입니다. 그런데 벼는 왜 해마다 다시 심어야 할까요?

볍씨가 싹이 튼 뒤에 잎과 줄기가 자라서 꽃을 피우고 열매를 맺어 다시 볍씨를 만듭니다. 그리고 해마다 볍씨가 다시 싹이 트는 과정이 반복됩니다. 이처럼 식물의 씨가 싹 터서 잎과 줄기가 자라며, 꽃이 피고 열매를 맺어 다시 씨가 만들어지는 과정을 '식물의 한살이'라고 합니다.

식물은 종류에 따라 한살이 기간이 다릅니다. 식물 중에는 한 해만 사는 식물도 있고, 여러 해를 사는 식물도 있습니다. 한 해 동안 한살이 과정을 거치고 **❷**수명을 다하는 식물을 '한해살이 식물'이라고 합니다. 한해살이 식물은 **❸**이듬해에 다시 씨를 심어야만 새로운 식물이 자라 **❹**번식할 수 있습니다. 벼를 해마다 다시 심는 까닭도 벼가 한해살이 식물이기 때문입니다. 한해살이 식물에는 벼 이외에도 해바라기, 옥수수, 봉숭아, 강낭콩, 강아지풀 등이 있습니다.

반면 여러 해 동안 죽지 않고 한살이 과정을 반복하는 식물을 '여러해살이 식물'이라고 합니다. 감나무는 싹이 터서 자란 뒤 겨울 동안에도 죽지 않고 살아남습니다. 이듬해에 나뭇가지에서 **❺**새순이 나오고 자라는 과정이 몇 년 정도 반복된 뒤에 적당한 크기의 나무로 자라면 꽃이 피고 열매를 맺는 것을 반복합니다. 감나무뿐 아니라 복숭아나무, 사과나무 등의 나무와 민들레, 국화, 질경이 등의 풀이 여러해살이 식물에 해당합니다.

한해살이 식물과 여러해살이 식물의 공통점과 차이점은 무엇일까요? 공통점은 두 종류의 식물이 모두 씨가 싹 터서 자라 꽃이 피고 열매를 맺어 번식한다는 것입니다. 차이점은 한해살이 식물은 한 해 동안 싹이 트고 자라서 꽃이 피고 열매를 맺어 씨를 만든 다음 죽지만, 여러해살이 식물은 여러 해 동안 죽지 않고 살아가면서 한살이의 일정 부분을 반복합니다.

---

❶ **모내기**: 벼의 모를 못자리에서 논으로 옮겨 심는 일.
❷ **수명**: 생물의 목숨. 또는 생물이 살아 있는 동안.
❸ **이듬해**: 바로 그다음에 오는 해.
❹ **번식**: 생물의 수가 늘거나 널리 퍼지는 것.
❺ **새순**: 새로 나온 어린 순.

1 이 글의 내용을 바탕으로 빈칸에 들어갈 알맞은 말을 쓰세요.

> 식물의 씨가 싹 터서 자라며, 꽃이 피고 열매를 맺어 다시 씨가 만들어지는 과정을 식물의 (　　　　　　　)(이)라고 한다.

2 이 글에서 다루지 <u>않은</u> 내용은 무엇인가요?　　　　　　　　　　(　　　)

① 식물의 한살이의 뜻
② 모내기를 하는 과정
③ 벼를 해마다 다시 심는 까닭
④ 한해살이 식물과 여러해살이 식물의 예
⑤ 한해살이 식물과 여러해살이 식물의 한살이 과정

3 다음 질문에 대한 대답의 빈칸에 들어갈 알맞은 말을 쓰세요.

> 질문　모내기를 해마다 다시 해야 하는 까닭은 무엇인가요?
> 대답　벼는 (　　　　　　　　　　)이기 때문이다.

4 다음은 한살이 기간으로 식물을 분류한 것입니다. 빈칸에 들어갈 알맞은 말을 쓰세요.

식물의 한살이

(　　　　) 식물
한 해 동안 한살이 과정을
거치고 수명을 다하는 식물.

(　　　　) 식물
여러 해 동안 죽지 않고
한살이 과정을 반복하는 식물.

5 한해살이 식물과 여러해살이 식물에 대한 설명으로 옳은 것은 ○표, 옳지 <u>않은</u> 것은 ×표 하세요.

(1) 풀은 모두 한해살이 식물이다. ( )

(2) 옥수수, 봉숭아, 강낭콩은 여러해살이 식물이다. ( )

(3) 사과나무는 여러 해 동안 죽지 않고 한살이 과정을 반복하는 식물이다. ( )

6 한해살이 식물과 여러해살이 식물의 공통점으로 옳지 <u>않은</u> 것은 무엇인가요?

( )

① 번식한다. ② 꽃을 피운다.

③ 씨에서 싹이 튼다. ④ 잎과 줄기가 자란다.

⑤ 열매를 맺는 것을 반복한다.

7 다음 식물의 공통점을 보기 에서 모두 골라 기호를 쓰세요.

▲ 민들레   ▲ 감나무

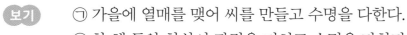

보기
㉠ 가을에 열매를 맺어 씨를 만들고 수명을 다한다.
㉡ 한 해 동안 한살이 과정을 거치고 수명을 다한다.
㉢ 여러 해 동안 죽지 않고 한살이 과정을 반복한다.
㉣ 씨가 싹 터서 자라 꽃이 피며 열매를 맺어 번식한다.

( )

대나무의 한살이
대나무는 여러해살이 식물이며, 키가 매우 커서 나무처럼 보이지만 20 m~30 m까지 자라기도 하는 풀입니다. 대나무의 줄기 속은 비어 있고 마디가 있습니다. 꽃은 여름에 피는데 수십 년 만에 한 번씩 피기 때문에 흔히 보기는 어렵습니다.

1 다음 낱말의 뜻으로 알맞은 것을 바르게 선으로 이어 보세요.

(1) 수명 •

(2) 번식 •

(3) 이듬해 •

• ㉠ 바로 그다음에 오는 해.

• ㉡ 생물의 수가 늘거나 널리 퍼지는 것.

• ㉢ 생물의 목숨. 또는 생물이 살아 있는 동안.

2 다음 사진과 뜻풀이에 해당하는 낱말을 주어진 초성을 참고하여 쓰세요.

(1) 둥근 모양이나 덩어리 모　(2) 새로 나온 어린 순.　(3) 풀이나 나무에 꽃이 핌.
양으로 된 줄기나 뿌리.

ㅇ	ㅃ	ㄹ

➡ [　　　　]

ㅅ	ㅅ

➡ [　　　　]

ㄱ	ㅎ

➡ [　　　　]

3 다음 문장에서 밑줄 친 낱말이 어떤 뜻으로 사용되었는지 기호를 쓰세요.

트다

㉠ 너무 마르거나 추워서 틈이 생겨 갈라지다.
㉡ 식물의 싹이나 움, 순 등이 새로 나다.
㉢ 아침이 가까워져서 어두운 기운이 가시다.
㉣ 더는 기대할 것이 없는 상태가 되다.

(1) 봄이 되자 가로수에 새 움이 <u>트기</u> 시작했다.　　　　　(　　　　)
(2) 동이 <u>트려면</u> 아직 두어 시간은 더 있어야 한다.　　　　(　　　　)
(3) 나는 겨울만 되면 건조해서 그런지 입술이 <u>튼다</u>.　　　　(　　　　)
(4) 심한 풍랑에 배가 뜨지 않아 오늘 돌아가기는 <u>튼</u> 것 같다.　(　　　　)

생명의 나무, 바오바브나무

 **매체 독해** 다음 프로그램 편성표를 보고, 물음에 답해 봅시다.

다큐멘터리 편성 안내

‹	9월 28일 화요일	9월 29일 수요일	9월 30일 목요일	10월 1일 금요일	10월 2일 토요일	›

우주 대탐험, 화성

〉 우주 대탐험, 화성
방영 시간: 19:00~20:00

화성은 태양계 행성 중 지구와 가장 가까운 행성이다. 화성 표면은 붉은 색 암석과 흙으로 덮여 있고, 과거에 물이 흘렀던 흔적이 있으며, 화산이 분포한다. 극 지역에는 얼음과 드라이아이스로 이루어진 흰색의 극관이 있다.

천년의 나무, 바오바브나무

〉 천년의 나무, 바오바브나무
방영 시간: 20:00~21:30

바오바브나무는 '아낌없이 주는 나무'이다. 동물에게 안식처가 되어 주거나 식량을 제공하기 때문이다. 바오바브는 평균 약 20 m 높이까지 자라며, 수천 년 넘게 살 수 있어 '불멸의 식물'로도 불린다. 남아프리카 공화국, 마다가스카르, 짐바브웨, 잠비아 등 건기와 우기가 명확한 열대 지역에서 서식한다. 건기에 견딜 수 있도록 굵은 줄기에 물을 저장한다.

---

1 화성에 관한 다큐멘터리 프로그램을 볼 수 있는 시간대는 언제인지 쓰세요.

( )월 ( )일 ( )요일, ( ) ~ ( )

2 바오바브나무에 대한 내용으로 옳지 <u>않은</u> 것은 무엇인가요? ( )

① 바오바브나무는 키가 작고 줄기가 두껍다.

② 바오바브나무는 '아낌없이 주는 나무'라고 불린다.

③ 바오바브나무는 수천 년 넘게 오래도록 살 수 있다.

④ 바오바브나무는 건기를 버틸 수 있도록 줄기에 물을 저장한다.

⑤ 바오바브나무가 서식하는 지역은 남아프리카 공화국, 짐바브웨 등 열대 지역이다.

『어린 왕자』에 등장하는 바오바브나무에 대해 들어 본 적이 있나요? 바오바브나무는 나무 윗부분에 몰려 나 있는 가지가 마치 위로 난 뿌리 모양을 하고 있어서, 이 나무를 '신이 거꾸로 심은 나무'라고도 합니다.

바오바브나무는 평균 높이 약 20 m, 줄기의 둘레는 약 10 m까지 자랍니다. 바오바브나무가 **❶**분포하는 지역은 주로 **❷**건기와 **❸**우기가 뚜렷한 열대 사바나 **❹**기후 지역입니다. 바오바브나무는 물이 부족하고 건조한 지역에서 살아남기 위해 우기 때 줄기에 수분을 최대한 많이 저장합니다. 바오바브나무는 굵은 줄기에 10만 L 이상의 물을 저장할 수 있는 것으로 알려져 있습니다. 원주민들은 목이 마를 때 바오바브나무에서 물을 **❺**채취해 마시기도 합니다. 또 코끼리는 바오바브나무 줄기 속을 씹어서 수분을 섭취한다고 합니다.

바오바브나무는 어린나무일 때에는 빠르게 자라다가 어느 정도 자란 이후에는 천천히 자라며, 매우 오래 삽니다. 현재 과학적으로 측정된 가장 오래된 바오바브나무의 나이는 2,000년 정도라고 합니다. 바오바브나무가 흔히 살고 있는 아프리카에서는 500 ~ 1,000년 이상 산 바오바브나무들을 많이 볼 수 있습니다.

바오바브나무의 잎은 손바닥 모양의 **❻**겹잎이며, 잎의 수는 5 ~ 7개 정도입니다. 꽃은 흰색이며 꽃잎은 5개입니다. 열매는 수세미처럼 생겼으며 털이 있고 딱딱합니다. 열매가 달려 있는 모양이 쥐와 같이 보여 죽은쥐나무라고도 합니다.

바오바브나무의 열매에는 바이타민씨(C), **❼**섬유질이 풍부하게 들어 있습니다. 나무의 껍질과 잎은 염증 치료에 효능이 있다고 하여 원주민들은 이것으로 전통 약재를 만들어 사용했습니다. 씨앗은 스트로판투스 식물의 독 성분을 [㉠   ]하는 데에도 사용되었다고 합니다. 줄기는 껍질을 벗긴 후 섬유를 뽑아내 바구니 등을 만들고, 나머지는 땔감으로 사용합니다.

----

❶ 분포: 일정한 범위에 흩어져 퍼져 있음.　　　　**❷ 건기**: 기후가 건조한 시기.

❸ 우기: 비가 많이 오는 시기.　　　　　　　　　**❹ 기후**: 기온, 비, 눈, 바람 따위의 대기 상태.

❺ 채취: 풀, 나무, 광석 따위를 찾아 베거나 캐거나 하여 얻어 냄.　　**❻ 겹잎**: 한 잎자루에 여러 개의 낱 잎이 붙어 겹을 이룬 잎.

❼ 섬유질: 식물에서 섬유를 이루는 물질.

 사막에서 사는 식물, 선인장

사막은 물이 부족하고, 낮과 밤의 온도 차가 크며, 낮에 햇빛이 강합니다. 선인장의 생김새는 사막 환경에 적응한 결과입니다. 선인장의 굵은 줄기는 물을 저장하기에 좋습니다. 또 가시 모양의 잎은 동물로부터 스스로를 보호합니다.

1 이 글의 중심 낱말은 무엇인지 쓰세요.

(   )

2 이 글에서 다루지 <u>않은</u> 내용은 무엇인가요? (   )

① 바오바브나무의 수명   ② 바오바브나무의 쓰임새

③ 바오바브나무의 겉모습   ④ 바오바브나무가 사는 곳

⑤ 바오바브나무와 관련된 신화

3 다음은 ㉠에 들어갈 낱말의 뜻입니다. ㉠에 들어갈 알맞은 낱말을 쓰세요.

> 몸 안에 들어간 독성 물질의 작용을 없앰.

(   )

4 바오바브나무를 '신이 거꾸로 심은 나무'라고 한 까닭은 무엇인가요? (   )

① 세상에서 가장 오래 사는 식물이기 때문에

② 열매가 달려 있는 모양이 쥐가 달린 것 같이 보여서

③ 물을 찾아가기 위해 뻗어 나가는 튼튼한 뿌리를 가지고 있어서

④ 나무 윗부분에 몰려 나 있는 가지가 마치 뿌리 모양처럼 보여서

⑤ 줄기에 수분을 최대한 많이 저장할 수 있는 형태를 가지고 있어서

5 바오바브나무에 대한 설명으로 옳은 것은 ○표, 옳지 <u>않은</u> 것은 ×표 하세요.

(1) 잎은 손바닥 모양의 겹잎이며 꽃은 흰색이다.   (   )

(2) 건기 때 수분을 줄기에 최대한 많이 저장한다.   (   )

(3) 열매는 수세미처럼 생겼고 털이 있으며 딱딱하다.   (   )

1 다음의 뜻을 가진 낱말을 보기 에서 찾아 쓰세요.

> **보기**   겹잎   기후   채취

(1) 기온, 비, 눈, 바람 따위의 대기 상태.   (   )

(2) 한 잎자루에 여러 개의 낱 잎이 붙어 겹을 이룬 잎.   (   )

(3) 풀, 나무, 광석 따위를 찾아 베거나 캐거나 하여 얻어 냄.   (   )

2 다음은 '사바나'에 대한 설명입니다. 뜻풀이를 보고 초성을 참고하여 빈칸에 들어갈 알맞은 낱말을 쓰세요.

> 사바나는 열대, 아열대 지방에서 볼 수 있다. 이곳은 (①)와/과 (②)이/가 뚜렷하고 아프리카에 널리 (③)한다. 나무가 잘 자라지 못하여 긴 풀로 덮여 있는 (④)에는 사자, 기린 등이 서식한다.

① 기후가 건조한 시기.   ㄱ ㄱ → ☐

② 비가 많이 오는 시기.   ㅇ ㄱ → ☐

③ 일정한 범위에 널리 퍼져 있음.   ㅂ ㅍ → ☐

④ 풀이 나 있는 들판.   ㅊ ㅇ → ☐

3 다음은 바오바브나무의 쓰임에 대해 정리한 것입니다. 뜻풀이를 보고 빈칸에 들어갈 알맞은 낱말을 보기 에서 찾아 쓰세요.

> **보기**   약재   땔감   섬유질

(1) 열매: _____ 이/가 풍부하게 들어 있다.
    └ 식물에서 섬유를 이루는 물질.

(2) 나무 껍질과 잎: 염증 치료에 효능이 있어 전통 _____ 을/를 만들어 사용한다.
           └ 약을 짓는 데 쓰이는 재료.

(3) 줄기: _____ (으)로 사용한다.
    └ 불을 때는 데 쓰는 재료.

5장 물에 떠서 사는 식물, 부레옥잠

 **매체 독해** 다음 관찰 계획서를 보고, 물음에 답해 봅시다.

부레옥잠 관찰하기

🔍 **관찰자**   4학년 ○○반 김미래

🔍 **관찰한 날짜**   20○○년 ○○월 ○○일

🔍 **준비물**   부레옥잠, 칼, 나무판, 물, 수조, 돋보기, 코팅 장갑

🔍 **관찰 내용**   부레옥잠의 겉모습 및 단면 관찰하기, 부레옥잠의 잎자루를 잘라 물에 넣고 손가락으로 누르면 일어나는 현상 관찰하기

🔍 **관찰 과정**   ❶ 부레옥잠의 겉모습을 관찰한다.

     ❷ 부레옥잠의 잎자루를 나무판에 올려놓고 각각 가로와 세로로 잘라 돋보기로 관찰한다.

     ❸ 수조에 물을 절반 정도 채운 다음 가로나 세로로 자른 부레옥잠의 잎자루를 물에 담가 손가락으로 누르며 관찰한다.

---

1 부레옥잠을 관찰하기 위해 필요한 준비물이 <u>아닌</u> 것은 무엇인가요?   (   )

① 칼   ② 수조   ③ 줄자

④ 나무판   ⑤ 돋보기

2 부레옥잠의 관찰 과정으로 옳지 <u>않은</u> 것은 무엇인가요?   (   )

① 부레옥잠의 단면을 관찰한다.

② 부레옥잠의 겉모습을 관찰한다.

③ 부레옥잠의 잎자루를 나무판에 올려놓고 가로로 잘라 관찰한다.

④ 부레옥잠의 잎자루를 자르고 물에 담가 손가락으로 누르며 관찰한다.

⑤ 부레옥잠이 수조에 절반 정도 잠길 때와 완전히 잠길 때의 변화를 관찰한다.

〈부레옥잠 관찰 일지〉

관찰 날짜	10월 11일	관찰 장소	집 안 수조
관찰 주제	부레옥잠 관찰하기		
준비물	식물❶도감, 부레옥잠, 물이 담긴 수조, 나무판, 칼, 돋보기, 코팅 장갑		
사전 조사	[물에서 사는 식물의 분류] 물에서 사는 식물은 물에서 살아가는 모습에 따라 전체가 물속에 잠겨 있는 ❷침수 식물, 물 위에 떠서 사는 ❸부유 식물, 뿌리는 땅속에 있고 잎은 물에 떠 있는 부엽 식물, 뿌리가 물속이나 물가의 땅에 있고 줄기와 잎은 물 밖으로 높이 자라는 정수식물로 나뉜다. [물에서 사는 식물의 종류] • 침수 식물: 검정말, 나사말, 붕어마름, 물수세미, 물질경이 등 • 부유 식물: 개구리밥, 부레옥잠, 물상추, 생이가래 등 • 부엽 식물: 수련, 마름, 가래, 물양귀비 등 • 정수식물: 연꽃, 갈대, 부들, 줄 등		
관찰 내용	[부레옥잠의 생김새] 전체적인 색은 초록색이고, 뿌리는 수염처럼 생겼다. 잎은 둥글고 매끈하며 잎자루는 볼록하게 부풀어 있다. [잎자루를 칼로 자르기] 부레옥잠의 잎자루를 나무판 위에 올려놓고 칼로 잘라 관찰하면 잎자루 ❹단면에 많은 구멍을 볼 수 있다. [자른 잎자루를 물에 담가 눌러보기] 자른 부레옥잠의 잎자루를 물이 담긴 수조에 넣고 손가락으로 누르면 공기 방울이 위로 올라간다. 잎자루를 눌렀던 손을 떼면 잎자루가 다시 부풀어 오른다.		
관찰 후 알게 된 점	부레옥잠의 잎자루에는 공기가 들어 있다. 부레옥잠과 같이 물에 떠서 사는 식물은 공기 주머니가 있거나 잎이 넓은 등 물에 뜰 수 있는 특징이 있다는 것을 알게 되었다.		

----

❶ **도감**: 실물 대신 볼 수 있도록 그림이나 사진을 모아 엮은 책.

❷ **침수**: 물에 잠기는 것.

❸ **부유**: 물 위나 물속에 떠다니는 것.

❹ **단면**: 어떤 물체를 잘라 낸 면.

1 이 글의 관찰 대상이 드러나도록 빈칸에 들어갈 알맞은 말을 쓰세요.

( )에 떠서 사는 식물, ( )

2 글쓴이가 이 관찰 일지를 쓴 가장 중요한 목적은 무엇인가요? ( )

① 관찰 일지를 쓰는 경험을 쌓기 위해

② 부레옥잠을 칼로 잘라서 단면을 관찰하기 위해

③ 물에서 사는 식물의 종류를 자세하게 알기 위해

④ 부레옥잠을 관찰하여 물에 떠서 사는 식물의 특징을 알기 위해

⑤ 물에서 사는 식물의 종류가 매우 다양하다는 것을 알리기 위해

3 이 글의 설명 방법으로 알맞은 것은 무엇인가요? ( )

① 실험 공간을 이동해 가며 설명하였다.

② 시간의 순서에 따라 변화 과정을 설명하였다.

③ 어떤 주제에 대한 주장과 근거를 제시하였다.

④ 하나의 대상에 대하여 관찰한 뒤 결과를 정리하였다.

⑤ 두 가지의 다른 대상의 차이점을 대비하여 설명하였다.

4 이 글에서 다루지 <u>않은</u> 내용은 무엇인가요? ( )

① 부레옥잠의 생김새

② 물에서 사는 식물의 종류

③ 부엽 식물의 예와 각각의 특징

④ 부레옥잠이 물에 떠서 살 수 있는 까닭

⑤ 부레옥잠을 관찰하는 데 필요한 준비물

5 이 글의 내용에 맞게 다음 그림의 ㉠ ~ ㉢에 들어갈 알맞은 말을 쓰세요.

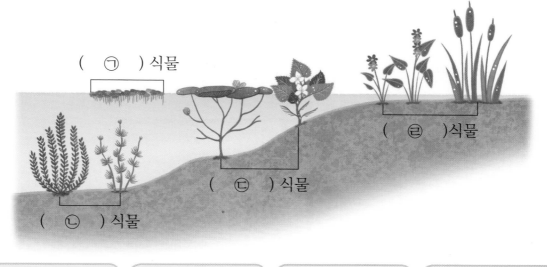

(㉠) 식물

(㉢) 식물

(㉡) 식물

(㉣)식물

㉠	㉡	㉢	㉣

6 다음 중 정수식물에 해당하는 것은 무엇인가요? ( )

① 부들 ② 수련 ③ 검정말
④ 개구리밥 ⑤ 물수세미

7 부레옥잠에 대해 <u>잘못</u> 설명한 친구의 이름을 모두 쓰세요.

- 수민: 부레옥잠은 부유 식물에 속해.
- 지은: 부레옥잠은 키가 크고 줄기가 단단해.
- 윤정: 부레옥잠은 잎자루에 있는 공기 때문에 물에 떠서 살 수 있어.
- 승진: 자른 부레옥잠의 잎자루를 물이 담긴 수조에 넣고 손가락으로 누르면 잎자루가 부풀어 올라.

( )

**배경
+지식
넓히기**

물에서 사는 식물의 역할
물에서 사는 식물은 물속의 규소, 인, 질소와 같이 물을 썩게 하는 물질을 흡수하여 물을 깨끗하게 하거나 광합성을 해서 물에 산소를 공급하여 물속에 사는 동물이 숨을 쉬는 데 도움을 줍니다. 특히 부레옥잠과 꽃창포는 이 능력이 뛰어나서 '친환경 정수기'라고도 불립니다.

1 다음의 뜻을 가진 낱말을 보기 에서 찾아 쓰세요.

보기　　　단면　　도감　　부유　　침수

(1) 물에 잠기는 것. 　　　　　　　　　　　　　　(　　　　)

(2) 어떤 물체를 잘라 낸 면. 　　　　　　　　　(　　　　)

(3) 물 위나 물속에 떠다니는 것. 　　　　　　 (　　　　)

(4) 실물 대신 볼 수 있도록 그림이나 사진을 모아 엮은 책. (　　　　)

2 다음의 초성을 보고 빈칸에 공통으로 들어갈 알맞은 낱말을 쓰세요.

(1) 새로 산 ㅅㅈ 에 물을 담고 금붕어를 넣었다.

우리는 실험실 ㅅㅈ 에 개구리알을 넣고 관찰하였다.

(2) 의사는 환자의 상태를 자세히 ㄱㅊ 했다.

강낭콩을 심은 뒤 자라는 모습을 ㄱㅊ 하여 기록했다.

3 다음 '떼다'의 의미를 참고하여 같은 뜻으로 쓰인 문장을 바르게 선으로 이어 보세요.

떼다
① 붙어 있는 것을 떨어지게 하다.
② 어떤 것에서 마음이 돌아서다.
③ 배우던 것을 끝내다.

(1) 벽에서 벽보를 떼다.　　•　　•　㉠ 5세에 천자문을 떼다.

(2) 아이에게서 정을 떼다.　　•　　•　㉡ 옷에서 상표를 떼다.

(3) 4학년 수학을 떼다.　　•　　•　㉢ 그 일에서 관심을 떼다.

벌레 사냥꾼, 식충 식물

 다음 다큐멘터리를 보고, 물음에 답해 봅시다.

식물의 세계

오늘은 대표적인 식충 식물인 파리지옥을 살펴보겠습니다. 파리지옥은 이끼가 낀 습지에서 잘 자라며, 주로 파리, 나비, 거미 등의 곤충을 잡습니다. 곤충이 잎 안쪽에 있는 감각모 중 두 개 이상을 30초 안에 건드리면 재빠르게 양쪽의 잎이 닫히면서 곤충을 가둡니다. 파리지옥은 보통 7~10일 동안 먹이를 소화시키고, 소화가 끝나면 잎이 다시 열립니다.

1 다음 빈칸에 들어갈 알맞은 말을 쓰세요.

파리지옥과 같이 파리, 나비, 거미 등의 곤충을 잡아 그것을 소화시켜서 양분을 얻는 식물을 (   ) 식물이라고 한다.

2 파리지옥에 대한 설명으로 옳은 것은 ○표, 옳지 <u>않은</u> 것은 ×표 하세요.

(1) 파리지옥은 건조한 열대 지역에서 잘 자라며 주로 곤충을 잡는다.   (   )

(2) 보통 7~10일 동안 먹이를 소화시키고, 소화가 끝나면 다시 잎이 열린다. (   )

(3) 곤충이 잎 안쪽에 있는 감각모 중 두 개 이상을 30초 안에 건드리면 양쪽의 잎이
    닫히면서 곤충을 가둔다.   (   )

 **다음 글을 읽고, 물음에 답해 봅시다.**

(가) 세상에는 다양한 식물이 살고 있고 그중에는 벌레잡이 식물이라고도 불리는 식충 식물이 있습니다. '식충 식물'이란 작은 벌레를 잡아 소화시킨 뒤 그것을 양분으로 삼는 식물을 말합니다. 이러한 식충 식물은 벌레를 잡는 방법에 따라 ❶개폐 기구가 있는 식물, ❷포충낭을 가진 식물, ❸점액을 분비하는 선모가 있는 식물로 분류할 수 있습니다.

(나) 우선 개폐 기구가 있는 파리지옥은 가장 대표적인 식충 식물입니다. 파리지옥의 잎 안쪽에는 바늘 모양의 ❹감각모가 있는데, 파리와 같은 곤충이 이 감각모를 건드리면 잎을 닫아 잡습니다. 놀라운 것은 먹이가 파리지옥의 감각모 하나를 건드릴 때에는 아무런 반응이 없다가 감각모를 한 번 더 건드리면 잎이 닫힌다는 것입니다. 이는 먹이가 안까지 들어온 뒤 확실하게 잡기 위한 것입니다. 먹이를 잡으면 ❺소화액을 분비하여 소화시키고, 소화가 끝날 때까지 잎을 닫아 놓습니다.

(다) 네펜데스는 잎이 변형된 포충낭을 가진 식충 식물입니다. 이 식물의 잎은 길게 자라서 끝에 주머니 모양의 포충낭을 만듭니다. 포충낭 입구에는 꿀샘이 있어서 벌레를 유인하고, 포충낭의 입구가 미끄럽기 때문에 유인된 벌레가 그 속으로 쉽게 떨어집니다. 포충낭 안에는 먹이를 소화시키는 점액이 고여 있는데, 포충낭 속으로 떨어진 벌레는 점액에 의해 녹아서 소화됩니다. 네펜데스의 포충낭은 보통 10 ~ 50 cm 정도의 크기이지만, 쥐가 들어갈 수 있을 정도로 커지는 경우도 있습니다.

(라) 마지막으로 점액을 분비해 벌레를 잡는 끈끈이주걱이 있습니다. 끈끈이주걱의 잎 표면은 선모라는 털로 덮여 있습니다. 선모에서는 끈적거리는 투명한 액체가 분비되는데, 이것이 벌레를 잡는 ❻접착제의 역할을 합니다. 벌레가 끈끈이주걱의 선모에 닿으면 붙어서 움직이지 못하는데, 이때 선모가 휘어지면서 벌레를 잡습니다. 벌레를 잡은 선모에서는 소화액이 분비되어 벌레를 소화시킵니다.

------

❶ **개폐**: 열고 닫음.
❷ **포충낭**: 식물의 잎이 주머니 모양으로 변하여 벌레를 잡을 수 있는 것.
❸ **점액**: 끈적거리는 성질이 있는 액체.
❹ **감각모**: 바깥의 자극을 민감하게 받아들이는 털.
❺ **소화액**: 소화를 돕기 위하여 분비되는 액체.
❻ **접착제**: 두 물체를 서로 붙이는 데 쓰는 물질.

1 이 글의 중심 낱말을 쓰세요.

(   )

2 이 글의 주요 설명 방법으로 알맞은 것은 무엇인가요? (   )

① 시간의 흐름에 따라 설명하고 있다.

② 공간의 이동에 따라 설명하고 있다.

③ 어떤 주제에 대한 주장과 근거를 제시하고 있다.

④ 대상을 일정한 기준에 따라 나누어 설명하고 있다.

⑤ 해결해야 할 문제와 그에 대한 해결 방법을 제시하고 있다.

3 이 글의 내용으로 볼 때 다음 중 네펜데스는 무엇인가요? (   )

①  ②  ③

④  ⑤

4 다음 설명에 해당하는 식충 식물의 이름을 글에서 찾아 쓰세요.

- 잎 안쪽에는 바늘 모양의 감각모가 있다.
- 파리와 같은 곤충이 감각모에 닿으면 잎을 닫아 잡는다.
- 먹이를 잡으면 소화액을 분비하여 소화시키고, 소화가 끝날 때까지 잎을 닫는다.

(   )

5 식충 식물에 대한 설명으로 옳은 것은 ○표, 옳지 않은 것은 ×표 하세요.

(1) 식충 식물은 벌레잡이 식물이라고도 불린다. ( )

(2) 식충 식물이란 작은 벌레를 잡아 양분으로 삼는 식물을 말한다. ( )

(3) 식충 식물이 잡는 벌레의 종류에 따라 식충 식물을 분류할 수 있다. ( )

6 이 글을 읽고 식충 식물을 옳게 설명한 친구의 이름을 쓰세요.

> • 주아: 네펜데스의 포충낭에 벌레가 떨어지면 못 나올 것 같아.
> • 희현: 끈끈이주걱은 입구에 있는 꿀샘을 이용해 벌레를 유인해.
> • 공명: 파리지옥은 곤충이 첫 번째 감각모를 건드리자마자 잎을 닫아.
> • 수현: 파리지옥과 달리 네펜데스, 끈끈이주걱은 쥐와 같은 큰 동물을 잡아 양분을
>   얻는 식물들이야.

( )

7 (나)~(라) 중 다음의 '사라세니아'와 비슷한 식물이 설명된 문단의 기호를 쓰세요.

> 사라세니아의 잎은 커다란 통 모양의 주머니로, 위에 뚜껑 같은 잎 조각이 있다. 잎 조각 안쪽에서 꿀을 분비하여 벌레들을 유인하고, 벌레가 통 속에 떨어지면 빠져나오지 못하고 소화액에 의해 녹아서 소화된다.

( )

1 다음 낱말의 뜻으로 알맞은 것을 바르게 선으로 이어 보세요.

(1) 점액 •

(2) 감각모 •

(3) 소화액 •

(4) 접착제 •

• ㉠ 끈적거리는 성질이 있는 액체.

• ㉡ 소화를 돕기 위하여 분비되는 액체.

• ㉢ 두 물체를 서로 붙이는 데 쓰는 물질.

• ㉣ 바깥의 자극을 민감하게 받아들이는 털.

2 다음 빈칸에 들어갈 말의 뜻을 보고, 알맞은 낱말을 골라 ○표 하세요.

(1) 이마와 코 주변은 피지 _____이/가 많은 곳이다.
ㄴ 침이나 소화액 등을 몸 밖으로 배출함.

분비　　분출

(2) 그는 적군을 계곡으로 _____했다.
ㄴ 주의나 흥미를 유발시켜 꾀어냄.

유발　　유인

(3) 이 문은 _____가 자동으로 이루어진다.
ㄴ 열고 닫음.

개폐　　개표

3 다음 문장을 바꾸어 쓸 때 밑줄 친 낱말을 알맞게 변형하여 쓰세요.

(1) 친구들이 나를 '척척박사'라고 부른다.

→ 나는 친구들에게 '척척박사'라고 _____.

(2) 흰 눈이 세상을 하얗게 덮다.

→ 세상이 흰 눈으로 하얗게 _____.

(3) 출동한 경찰이 도둑을 잡았다.

→ 도둑이 출동한 경찰에게 _____.

(4) 그 소식을 듣고 그는 입을 굳게 닫았다.

→ 그 소식을 듣고 그의 입이 굳게 _____.

 매체 독해 　다음 인터넷 기사를 보고, 물음에 답해 봅시다.

M뉴스

나노미터 크기의 알갱이 형성 → 알갱이의 크기 증가 → 구름 응결핵으로 성장

디메틸황(DMS)

＊ 북극해 미세 조류

북극해의 ［　ㄱ　］이/가 지구 온도 낮춰

조회수 81,587회, 20○○.○○.○○.　　　👍 1.3천　👎 41　↗ 공유　💬 댓글

　극지 연구소는 지구 온난화로 늘어난 북극해의 미세 조류가 지구의 온도를 낮추는 역할을 한다고 밝혔다. 미세 조류는 광합성을 하는 단세포 생물로, 우리가 마시는 산소의 약 50 %를 만든다. 북극해의 미세 조류가 내뿜은 디메틸황(DMS)이라는 가스 상태의 황 성분이 구름을 만드는 데 도움을 주어 지구로 들어오는 태양 에너지를 차단하는 것이다. 이 연구 결과는 지구가 스스로 급변하는 기후 변화를 늦추는 자정 작용을 하고 있다는 사실을 밝혔다는 데 의의가 있다.

＊**나노미터(nm):** 길이 단위의 하나로, 1 nm는 1 m의 $\frac{1}{10억}$이다.

1 ㄱ에 들어갈 알맞은 말을 쓰세요.

（　　　　　　　　　　）

2 이 인터넷 기사의 내용으로 옳지 <u>않은</u> 것은 무엇인가요?　　　（　　　　）

① 미세 조류는 광합성을 하는 단세포 생물이다.

② 미세 조류는 디메틸황이라는 가스를 내뿜는다.

③ 우리가 마시는 산소의 절반은 미세 조류가 만든다.

④ 미세 조류가 내뿜은 가스의 황 성분이 구름을 만드는 데 도움을 준다.

⑤ 미세 조류가 대기 중으로 올라가 태양 에너지를 차단하여 지구의 온도를 낮춘다.

글 독해 다음 글을 읽고, 물음에 답해 봅시다.

여러분은 '남극'과 '북극'이라는 말을 들으면 무엇이 떠오르나요? 아마도 끝없이 새하얗게 펼쳐진 눈과 바다 위에 떠 있는 커다란 빙하가 가장 먼저 떠오를 것입니다.

우선 남극은 지구의 남쪽 끝에 있는 남극점을 중심으로 한 지역으로, 전체 ❶면적의 90 % 이상이 얼음으로 덮여 있습니다. 남극은 세계에서 가장 추운 지역으로, 남극의 겨울 기온은 영하 70 ℃까지 내려가며, 여름에도 기온이 영하 15 ~ 30 ℃ 정도입니다. 더구나 강하고 건조한 바람이 불기 때문에 식물이 살기 아주 힘듭니다.

하지만 이렇게 ❷열악한 남극의 환경 속에서도 자라는 식물이 있습니다. 남극구슬이끼, 남극좀새풀 등이 그것입니다. 특히 남극구슬이끼는 땅 가까이에서 낮게 자라기 때문에 추위나 바람에 열을 빼앗기지 않고 온도를 유지할 수 있습니다. 남극좀새풀은 이끼 속에서 이끼와 ❸얽힌 채 자랍니다. 남극에서 꽃을 피우는 식물도 있는데, 바로 데스캄프시아와 콜로반투스입니다. 두 식물 모두 습기가 많은 곳에서 자라는데, 꽃의 크기가 매우 작아서 맨눈으로는 보기 힘들고 돋보기로 봐야 합니다.

북극은 지구의 북쪽 끝에 있는 북극점을 중심으로 한 지역으로, ❹북극해와 수천 개의 섬을 포함하여 북아메리카, 유라시아 대륙의 북부 지역이 북극에 속합니다. 겨울이 되면 북극해가 얼어 거대한 얼음 층으로 변하고, 여름이 되면 대부분의 지역에서 눈과 얼음이 녹습니다. 여름에도 기온이 10 ℃를 넘지는 않지만 7월과 8월은 비교적 따뜻한 편입니다.

이처럼 북극은 남극에 비해 덜 춥기 때문에 북극에서는 남극보다 훨씬 많은 종류의 식물이 삽니다. 북극에서는 300여 종의 이끼류와 1,000여 종의 식물이 살고 있고, 자주범의귀, 북극풍선장구채, 북방꽃고비, 북극양귀비, 야생히아신스, 루핀 등의 꽃이 활짝 피는 모습도 볼 수 있습니다. 대신 북극에서 사는 식물은 두 달 정도의 짧은 여름 동안 재빨리 꽃을 피우고 씨를 맺어야 합니다. 또한 북극에서 사는 식물은 북극의 차갑고 강한 바람에 적응해서 살아야 하므로 다른 지역에서 사는 식물보다 키가 작고 자라는 기간이 짧습니다.

----

❶ **면적**: 면이 공간을 차지하는 넓이의 크기.
❷ **열악하다**: 품질이나 능력, 시설 따위가 매우 떨어지고 나쁨.
❸ **얽히다**: 이리저리 걸리는 것.
❹ **북극해**: 북극을 중심으로 북아메리카 대륙과 유라시아 대륙에 둘러싸인 바다.

1 이 글의 핵심 내용은 무엇인가요? (정답 2개)　　　　　　　　　　　　　(　　)

① 북극해의 면적　　　　　　　　　　② 남극과 북극의 추위
③ 남극과 북극의 환경　　　　　　　　④ 남극과 북극의 연구소
⑤ 남극과 북극에서 사는 식물

2 글쓴이가 이 글에서 전달하고자 하는 주제는 무엇인가요?　　　　　　　(　　)

① 남극과 북극의 식물에는 여러 가지 차이점이 있다.
② 남극과 북극은 추운 지역이지만 동식물이 살 수 있다.
③ 남극의 식물은 종류가 적고, 북극의 식물은 종류가 다양하다.
④ 남극에서는 꽃을 볼 수 없지만, 북극에서는 꽃이 피는 것을 볼 수 있다.
⑤ 남극과 북극과 같은 열악한 환경에서도 그 환경에 적응하여 식물이 산다.

3 이 글의 주요 설명 방법으로 알맞은 것은 무엇인가요?　　　　　　　　(　　)

① 시간의 순서에 따라 설명하고 있다.
② 공간의 변화에 따라 설명하고 있다.
③ 어떤 주장을 하고 그 방법을 제시하고 있다.
④ 두 개의 서로 다른 대상을 비교하여 설명하고 있다.
⑤ 전문 기관의 연구 자료를 인용하여 설명하고 있다.

4 다음 설명에 해당하는 낱말을 글에서 찾아 쓰세요.

> 생물이 주위 환경에 맞추어 살아가는 현상을 말한다. 예를 들어, 극지방에서 사는 식물은 차갑고 강한 바람을 이겨 내기 위해 다른 지역에서 사는 식물보다 키가 작고 자라는 기간이 짧다.

(　　　　　　　　　)

5 남극과 북극의 환경을 설명한 내용을 보기 에서 찾아 그 기호를 모두 쓰세요.

> 보기
> ㉠ 세계에서 가장 춥다.
> ㉡ 7월과 8월은 비교적 따뜻한 편이다.
> ㉢ 겨울에는 영하 70 ℃까지 내려간다.
> ㉣ 전체 면적의 90 % 이상이 얼음으로 덮여 있다.
> ㉤ 겨울에는 북극해가 얼어 거대한 얼음 층이 된다.

남극	북극

6 이 글을 통해 다음 식물이 사는 지역을 바르게 선으로 이어 보세요.

(1) 콜로반투스, 데스캄프시아 •   • ㉠ 북극

(2) 루핀, 자주범의귀, 야생히아신스 •   • ㉡ 남극

7 남극과 북극에서 사는 식물의 특징으로 옳은 것은 ○표, 옳지 않은 것은 ×표 하세요.

(1) 남극에서는 300여 종의 이끼류와 1,000여 종의 식물이 살고 있다.　（　　　）

(2) 북극에서 사는 식물은 짧은 여름 동안 꽃을 피우고 씨를 맺어야 한다.　（　　　）

(3) 남극에서 꽃을 피우는 식물은 꽃의 크기가 매우 작아서 맨눈으로 보기 힘들다.

（　　　）

남극과 북극에서 사는 동물

북극에서는 북극곰, 바다사자, 물범, 북극여우 등이 살고 있고, 여름에는 기러기, 갈매기와 같은 철새가 오기도 합니다. 남극에서는 주로 펭귄이 살고 있으며, 남극 물개, 해표 등의 동물도 살고 있습니다.

하루 어휘

1 다음 제시된 뜻을 가진 낱말을 보기 에서 찾아 쓰세요.

> 보기   면적   북극해   얽히다   열악하다

(1) 이리저리 걸리는 것.   (   )

(2) 면이 공간을 차지하는 넓이의 크기.   (   )

(3) 품질이나 능력, 시설 따위가 매우 떨어지고 나쁨.   (   )

(4) 북극을 중심으로 북아메리카 대륙과 유라시아 대륙에 둘러싸인 바다.

(   )

2 다음 빈칸에 들어갈 말의 뜻을 보고, 알맞은 말을 보기 에서 찾아 쓰세요.

> 보기   특히   비교적   아마도   재빨리

(1) 선생님과의 상담은 _____ 화기애애한 분위기였다.
    └ 일정한 수준이나 보통 정도보다는 더.

(2) 나는 유치원 친구들 중에서도 _____ 민찬이에 대한 기억이 생생하다.
    └ 다른 것보다 더욱 두드러지게.

(3) 전화를 받지 않는 것을 보니 _____ 회의 중인가 보다.
    └ 정확히 단정할 수는 없지만 대충 짐작해 볼 때.

(4) 동생이 방으로 들어오자 영희는 _____ 숨었다.
    └ 극히 짧은 시간 동안에 움직이는 모양.

3 두 낱말과 같은 의미 관계에 있는 것을 골라 ○표 하세요.

(1) 힘들다 : 어렵다

> 난감하다 : 난처하다   늠름하다 : 졸렬하다   남용하다 : 절약하다

(2) 녹다 : 얼다

> 자부하다 : 자신하다   지탱하다 : 지지하다   분주하다 : 한가하다

주제4. 식물 이야기

끝말잇기 놀이를 하며, 주제4에서 공부한 용어의 뜻을
다시 한번 떠올려 봐요.

정답 확인

➡ 출발

아래로! ↴

❶   ❷   ❸

성공!

점프!

힌트

❶ 곤충이나 동물의 일생. **예** 배추흰나비의 □□□

❷ 바로 그다음에 오는 해.

❸ 키가 크고 줄기 끝에 노랗고 둥글넓적한 큰 꽃이 피는 식물.

❹ 생물이 살아가기 위해 필요한 영양 성분. **비슷** 영양분

❺ 일정한 범위에 흩어져 퍼져 있음. **예** 그 식물은 특정 지역에만
□□되어 있다.

❻ 식물의 잎이 주머니 모양으로 변하여 벌레를 잡을 수 있는 것.

❼ 꽃의 가장 바깥 부분으로, 꽃잎을 받치고 보호함.

❽ 전체가 물속에 잠겨 있는 식물로, 검정말, 나사말 등이 있음.

❾ 바깥의 자극을 민감하게 받아들이는 털.

❿ 모(벼의 싹)를 못자리에서 논으로 옮겨 심는 것. **예** 논에서는
지금 □□□가 한창이다.

❹

❺

❻

❿

❾

점프!

위로! ⬆

❽   ❼

쉬어가기!

옆으로! ↳

 이번 주에 공부할 내용에 대한
주간 학습 계획을 세워 보세요.

	공부할 내용	교과 연계	공부한 날	스스로 평가
1장	소금 호수의 비밀	과학 4-1 [혼합물의 분리]	월 일	😞 😋 😍
2장	코끼리 똥으로 종이를 만든다고요?		월 일	😞 😋 😍
3장	물을 끓일 때의 변화	과학 4-2 [물의 상태 변화]	월 일	😞 😋 😍
4장	컵 표면의 물은 어디에서 왔을까요?		월 일	😞 😋 😍
5장	태양열 정수기, 솔라볼		월 일	😞 😋 😍

소금 호수의 비밀

 **매체 독해** 다음 여행 안내 팸플릿을 보고, 물음에 답해 봅시다.

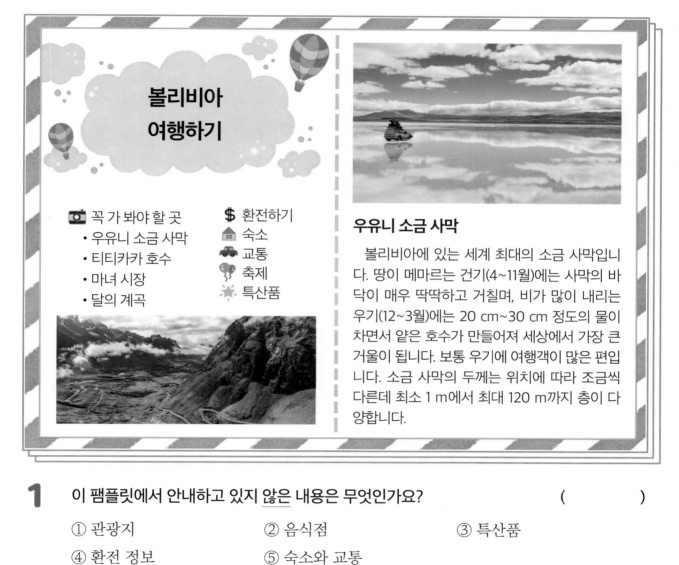

볼리비아 여행하기

📷 꼭 가 봐야 할 곳
· 우유니 소금 사막
· 티티카카 호수
· 마녀 시장
· 달의 계곡

💲 환전하기
🏠 숙소
🚗 교통
🎭 축제
✨ 특산품

우유니 소금 사막

볼리비아에 있는 세계 최대의 소금 사막입니다. 땅이 메마르는 건기(4~11월)에는 사막의 바닥이 매우 딱딱하고 거칠며, 비가 많이 내리는 우기(12~3월)에는 20 cm~30 cm 정도의 물이 차면서 얕은 호수가 만들어져 세상에서 가장 큰 거울이 됩니다. 보통 우기에 여행객이 많은 편입니다. 소금 사막의 두께는 위치에 따라 조금씩 다른데 최소 1 m에서 최대 120 m까지 층이 다양합니다.

1 이 팸플릿에서 안내하고 있지 <u>않은</u> 내용은 무엇인가요? (   )

① 관광지　　　　　② 음식점　　　　　③ 특산품
④ 환전 정보　　　　⑤ 숙소와 교통

2 우유니 소금 사막에 대한 설명으로 옳은 것은 ○표, 옳지 <u>않은</u> 것은 ×표 하세요.

(1) 볼리비아에 있는 세계 최대의 소금 사막이다. (   )

(2) 우기에는 최대 120 m 두께의 소금 사막을 보기 위해 관광객이 많이 찾아온다.

(   )

(3) 12~3월에는 사막의 바닥이 매우 딱딱하며, 4~11월에는 물이 차서 얕은 호수가 된다.

(   )

호수는 땅이 ❶우묵하게 들어가 물이 고여 있는 곳을 말합니다. 대체로 연못이나 늪보다는 더 넓고 깊습니다. 세계 여러 나라에서 댐이나 저수지를 짓기 위해 ❷인위적으로 물을 가두어 인공 호수를 만들기도 하는데, 자연적으로 만들어진 호수는 대부분 북반구 ❸고위도 지역에 분포하고 있습니다. 호수 중에서 ❹염분이 높은 물을 담고 있는 호수를 '소금 호수'라고 합니다.

소금 호수는 물 1 L 중에 0.5 g 이상의 염류를 포함하고 있는 호수입니다. 염류는 바닷물 속에 녹아 있는 물질로, 염화 나트륨, 염화 마그네슘 등이 있습니다. 육지에 있는 호수가 소금 호수로 되기 위해서는 하천에서 호수로 흘러들어 간 물이 다시 빠져나가지 못하고, 이렇게 가둬진 물이 ❺다량으로 증발해야 합니다. 이 과정이 반복되면 호수의 염분이 높아져 소금 호수가 만들어집니다. 소금 호수가 만들어지려면 증발이 활발하게 일어나야 하기 때문에 주로 건조한 지역에 소금 호수가 많습니다. 대표적인 소금 호수로는 사해와 그레이트솔트호가 있습니다.

사해는 이스라엘과 요르단에 걸쳐 있는 소금 호수로, 평균 해수면보다 약 400 m 낮은 곳에 있습니다. 요르단강의 물이 사해로 흘러들어 오지만, 물이 빠져나가지 못하고 증발하여 염분이 높아진 것입니다. 사해의 염분은 바닷물보다 훨씬 높아 물고기는 물론 해초도 살 수 없으며, 높은 염분 때문에 수영을 못하는 사람도 물 위에 둥둥 떠다닐 수 있습니다.

그레이트솔트호는 미국에서 가장 큰 소금 호수로, 미국의 유타주에 위치해 있습니다. 이곳은 ❻분지이기 때문에 강물이 흘러들어 오지만 빠져나갈 곳이 없어 그대로 증발하여 염분이 높습니다. 즉, 흘러들어 온 물의 양보다 증발하는 물의 양이 많아 염분이 높아진 것입니다. 따라서 대부분의 물고기가 살지 못하고, 사해와 마찬가지로 물 위에 사람의 몸이 뜰 수 있습니다.

----

❶ **우묵**: 가운데가 둥그스름하게 푹 패거나 들어가 있는 모양.
❷ **인위적**: 자연의 힘이 아닌 사람의 힘으로 이루어지는 것.
❸ **고위도**: 적도에서 남극과 북극까지 가로로 평행하게 그은 선 중 남극과 북극에 가까운 것.
❹ **염분**: 바닷물에 포함되어 있는 소금기.
❺ **다량**: 많은 분량.
❻ **분지**: 산이나 높은 지대로 둘러싸인 평지.

 소금 호수에서 사는 스피룰리나

물속에 사는 식물인 스피룰리나는 지구에서 존재하는 가장 오래된 해조류로, 주로 소금 호수에서 삽니다. 스피룰리나는 영양소가 풍부하고 피부를 건강하게 해 주며, 면역력을 강화시켜 주는 등의 효능을 인정받아 미래 식량으로 주목받고 있습니다.

1 이 글의 중심 낱말은 무엇인지 쓰세요.

(   )

2 이 글의 내용 전개 과정을 다음과 같이 표로 정리할 때, 옳지 <u>않은</u> 것은 무엇인가요?

(   )

① 호수의 뜻	③ 소금 호수가 만들어지는 과정	④ 소금 호수에서 생산되는 소금의 양	⑤ 소금 호수의 예
② 소금 호수의 뜻			

3 소금 호수에 대한 설명으로 옳지 <u>않은</u> 것은 무엇인가요? (   )

① 염분이 높은 물을 담고 있는 호수이다.

② 대표적으로 사해와 그레이트솔트호가 있다.

③ 주로 건조한 지역에 만들어지는 경우가 많다.

④ 물 1 L 중에 0.5 g 이상의 염류를 포함하고 있다.

⑤ 사해와 그레이트솔트호는 물고기가 살기에 적합한 환경이다.

4 육지에 있는 호수가 소금 호수로 되는 과정을 순서에 맞게 번호를 쓰세요.

- 호수의 염분이 높아진다.   (   )
- 하천의 물이 호수로 흘러들어 간다.   (   )
- 하천에서 흘러들어 온 물이 빠져나가지 못하고 증발한다.   (   )

5 이 글의 내용을 참고하여 빈칸에 들어갈 알맞은 말을 쓰세요.

- (   )은/는 요르단강에서 흘러들어 온 물이 빠져나가지 못하고 증발하여 염분이 높다.
- (   )은/는 미국에서 가장 큰 소금 호수로, 강에서 흘러들어 오는 물의 양보다 증발하는 물의 양이 더 많아 염분이 높다.

1 다음 낱말의 뜻으로 알맞은 것을 바르게 선으로 이어 보세요.

(1) 분지 •

(2) 염분 •

(3) 고위도 •

• ㉠ 바닷물에 포함되어 있는 소금기.

• ㉡ 산이나 높은 지대로 둘러싸인 평지.

• ㉢ 적도에서 남극과 북극까지 평행하게 그은 선 중 남극과 북극에 가까운 것.

2 다음 제시된 뜻풀이에 해당하는 낱말을 따라 쓰고, 이와 반대의 뜻을 가진 낱말을 보기 에서 찾아 쓰세요.

보기   제외   불룩   소량

(1) 많은 분량.   다량 ↔ ☐

(2) 일정한 범위 속에 함께 들어 있음.   포함 ↔ ☐

(3) 가운데가 둥그스름하게 푹 패거나 들어가 있는 모양.   우묵 ↔ ☐

3 다음은 '소금 호수'에 대한 설명입니다. 뜻풀이를 보고 초성을 참고하여 빈칸에 들어갈 알맞은 말을 쓰세요.

주로 (①)한 지역에서 볼 수 있는 소금 호수는 흘러들어 온 물이 빠져나가지 못하고 (②)이/가 활발하게 이루어져서 생겨났습니다. 바닷물보다 염분이 높은 소금 호수에는 물고기는 물론 (③)도 살 수 없습니다.

① 말라서 습기가 없거나 아주 적음.   ㄱ ㅈ → ☐

② 액체 상태의 물질이 기체 상태로 변하는 현상.   ㅈ ㅂ → ☐

③ 바다에서 나는 식물.   ㅎ ㅊ → ☐

코끼리 똥으로 종이를 만든다고요?

 다음 뉴스 화면을 보고, 물음에 답해 봅시다.

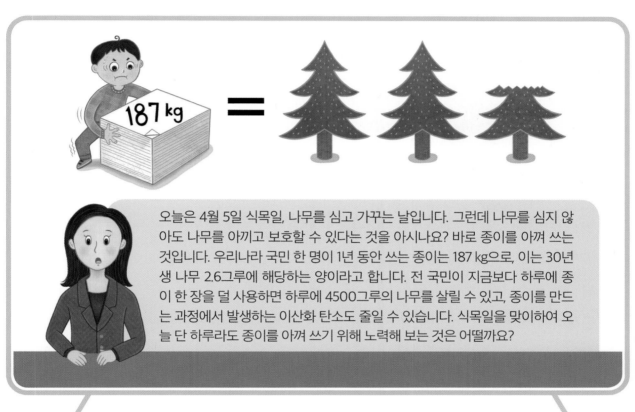

오늘은 4월 5일 식목일, 나무를 심고 가꾸는 날입니다. 그런데 나무를 심지 않아도 나무를 아끼고 보호할 수 있다는 것을 아시나요? 바로 종이를 아껴 쓰는 것입니다. 우리나라 국민 한 명이 1년 동안 쓰는 종이는 187 kg으로, 이는 30년생 나무 2.6그루에 해당하는 양이라고 합니다. 전 국민이 지금보다 하루에 종이 한 장을 덜 사용하면 하루에 4500그루의 나무를 살릴 수 있고, 종이를 만드는 과정에서 발생하는 이산화 탄소도 줄일 수 있습니다. 식목일을 맞이하여 오늘 단 하루라도 종이를 아껴 쓰기 위해 노력해 보는 것은 어떨까요?

1 이 뉴스의 중심 내용으로 알맞은 것을 골라 ○표 하세요.

환경 보호를 위해 식목일을 잊지 말자.	식목일에는 모든 국민이 나무를 심자.	식목일을 맞이하여 종이를 아껴 쓰자.
☐	☐	☐

2 우리나라 국민 한 명이 1년 동안 쓴 종이를 30년생 나무의 양으로 계산할 때 알맞은 것은 무엇인가요?　　　　　　　　　　　　(　　　　　)

① 2.6그루　　　　　　② 30그루　　　　　　③ 187그루

④ 1000그루　　　　　⑤ 4500그루

(가) 코끼리는 거대한 몸집만큼 많은 양의 먹이를 먹고, 먹는 양의 절반 정도를 소화하지 않은 채 배설합니다. 실제로 코끼리가 하루에 먹는 풀의 양은 250 kg 정도이고, 하루에 누는 똥의 양은 50 kg 정도 됩니다. 코끼리는 주로 나뭇잎과 풀 등을 먹기 때문에 코끼리 똥에는 종이의 **❶원료**가 되는 물질이 많이 들어 있습니다.

▲ 코끼리 똥과 코끼리 똥 종이

(나) 과거 야생 코끼리의 천국인 스리랑카에서는 코끼리와 인간이 함께 살아가기 위한 방법으로 코끼리 똥을 이용해 종이를 생산하기 시작했습니다. 그 결과 코끼리 똥은 많은 사람들에게 일자리를 제공해 주었고, 지역 경제에도 큰 도움이 되었습니다. 또 종이를 판매하여 생긴 **❷수익금**의 일부를 코끼리 보호소에 기부하여 코끼리를 보호하는 **❸선순환**이 일어나기도 했습니다.

(다) 코끼리 똥으로 어떻게 종이를 만드는 걸까요? 우선 코끼리의 똥을 모아 햇볕에 바짝 말리고 깨끗이 씻습니다. 깨끗이 씻은 똥을 끓여 세균을 없앤 후, **❹체**로 거르면 종이의 원료가 되는 물질이 분리됩니다. 여기에 색소를 섞고 물기를 뺀 다음 여러 날 동안 말리면 종이가 완성됩니다.

(라) 우리가 사용하는 종이는 대부분 나무로 만들기 때문에 종이를 많이 사용하면 할수록 산림이 **❺황폐**해집니다. 반면 코끼리 똥으로 만든 종이는 나무를 베지 않고 동물의 배설물을 재활용하여 만든 것이므로 친환경적입니다.

(마) 코끼리 똥 외에도 동물의 배설물이 우리 생활에 유용하게 쓰이는 경우가 더 있습니다. 그중 하나는 커피 열매를 먹은 사향고양이의 배설물에서 채취한 커피콩으로 만든 커피입니다. 또, 누에의 똥은 가축의 사료로 이용되거나 연필심을 만들 때 쓰입니다.

---

❶ **원료**: 어떤 물건을 만들 때 들어가는 재료.

❷ **수익금**: 이익으로 들어오는 돈.

❸ **선순환**: 좋은 현상이 되풀이되는 것.

❹ **체**: 가루를 곱게 치거나 액체를 거르는 데 쓰는 기구.

❺ **황폐**: 집, 토지, 삼림 등이 거칠고 못 쓸 상태에 있음.

1 이 글의 제목으로 가장 적절한 것은 무엇인가요? ( )

① 종이의 성분
② 종이를 만드는 과정
③ 코끼리 똥으로 만든 종이
④ 코끼리 똥과 고양이 똥의 차이
⑤ 코끼리가 하루에 먹는 음식의 양

2 이 글에서 다루지 <u>않은</u> 내용은 무엇인가요? ( )

① 코끼리 똥으로 만든 종이의 장점
② 코끼리 똥으로 만든 종이의 단점
③ 코끼리 똥으로 종이를 만든 효과
④ 코끼리 똥으로 종이를 만드는 과정
⑤ 다른 동물의 똥이 우리 생활에 유용하게 쓰이는 경우

3 스리랑카에서 코끼리 똥으로 종이를 만들기 시작한 까닭으로 적절한 것을 골라 ○표 하세요.

코끼리 똥은 냄새가 너무 고약해서	코끼리와 인간이 함께 살아가기 위해서	스리랑카의 산림이 많이 훼손되었기 때문에
☐	☐	☐

4 이 글에서 설명한 코끼리 똥으로 종이를 만들어서 얻을 수 있는 효과가 <u>아닌</u> 것은 무엇인가요? ( )

① 야생 코끼리의 수가 더 줄어들었다.
② 많은 사람들이 일자리를 얻게 되었다.
③ 종이 판매 수익금으로 코끼리를 보호할 수 있게 되었다.
④ 나무를 자르지 않고 만들 수 있어 산림을 보호할 수 있다.
⑤ 동물의 배설물을 재활용한 친환경적인 종이를 만들게 되었다.

5 코끼리 똥으로 종이를 만드는 과정을 순서에 맞게 번호를 쓰세요.

- 색소를 섞은 후 여러 날 동안 말린다.   (   )
- 코끼리의 똥을 모아 햇볕에 바짝 말린다.   (   )
- 체로 걸러 종이의 원료가 되는 물질을 분리한다.   (   )
- 코끼리의 똥을 깨끗이 씻은 후 끓여 세균을 없앤다.   (   )

6 이 글의 내용과 일치하지 <u>않은</u> 것은 무엇인가요?   (   )

① 코끼리는 하루에 50 kg 정도의 똥을 눈다.

② 누에의 똥은 가축의 사료나 연필심의 원료로 이용된다.

③ 우리가 사용하는 종이는 대부분 동물의 똥으로 만들어진다.

④ 코끼리의 똥에는 종이의 원료가 되는 물질이 많이 들어 있다.

⑤ 코끼리는 먹은 음식의 절반 정도를 소화하지 않은 채 배설한다.

7 (가)~(마) 중 다음 내용이 추가로 들어가기에 알맞은 문단의 기호를 쓰세요.

> 코끼리 보호소에는 병들고 장애를 가졌거나 길을 잃고 고아가 된 코끼리 80여 마리가 모여 살고 있습니다. 바로 이 코끼리들을 위해 먹거리를 구입하거나 병을 치료하는 데에 수익금이 쓰이고 있습니다.

(   )

똥으로 종이를 만들 수 있는 원리

코끼리뿐만 아니라 말, 소 등 다른 초식 동물의 배설물도 종이의 원료가 됩니다. 나뭇잎, 나무줄기, 풀 등을 주로 먹는 초식 동물의 배설물에는 섬유질이 풍부하게 들어 있는데, 이 섬유질이 종이를 만드는 데 필요한 원료가 됩니다.

1 다음의 뜻을 가진 낱말을 보기 에서 찾아 쓰세요.

> 보기   체   원료   선순환

(1) 좋은 현상이 되풀이되는 것. ( )

(2) 어떤 물건을 만들 때 들어가는 재료. ( )

(3) 가루를 곱게 치거나 액체를 거르는 데 쓰는 기구. ( )

2 다음 빈칸에 들어갈 말의 뜻을 보고, 알맞은 낱말을 골라 ○표 하세요.

(1) 도서 목록은 책을 찾는 데 아주 _____하다.
└ 쓸모가 있음.

유용   유한

(2) 이 산에서는 약초를 무단으로 _____해서는 안 된다.
└ 풀이나 나무, 광석 등에서 찾아
베거나 캐서 얻음.

채석   채취

(3) 인간들의 무차별한 개발로 지구가 _____해지고 있다.
└ 집, 토지, 삼림 등이 거칠고
못 쓸 상태에 있음.

황망   황폐

3 다음 두 낱말의 뜻과 쓰임을 바르게 선으로 이어 보세요.

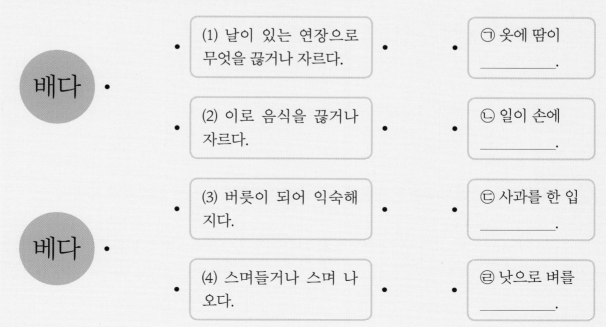

배다

(1) 날이 있는 연장으로 무엇을 끊거나 자르다.

(2) 이로 음식을 끊거나 자르다.

(3) 버릇이 되어 익숙해지다.

베다

(4) 스며들거나 스며 나오다.

㉠ 옷에 땀이 _____.

㉡ 일이 손에 _____.

㉢ 사과를 한 입 _____.

㉣ 낫으로 벼를 _____.

 **매체 독해** 다음 검색 화면을 보고, 물음에 답해 봅시다.

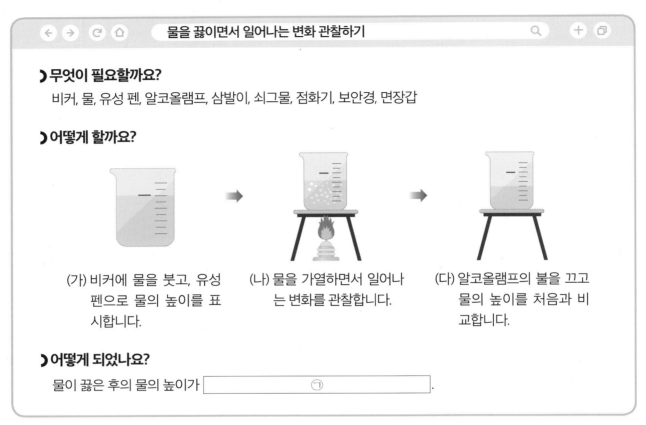

물을 끓이면서 일어나는 변화 관찰하기

❱ **무엇이 필요할까요?**
비커, 물, 유성 펜, 알코올램프, 삼발이, 쇠그물, 점화기, 보안경, 면장갑

❱ **어떻게 할까요?**

(가) 비커에 물을 붓고, 유성 펜으로 물의 높이를 표시합니다.

(나) 물을 가열하면서 일어나는 변화를 관찰합니다.

(다) 알코올램프의 불을 끄고 물의 높이를 처음과 비교합니다.

❱ **어떻게 되었나요?**
물이 끓은 후의 물의 높이가 [㉠   ].

1 이 자료를 바탕으로 ㉠에 들어갈 알맞은 말을 골라 ○표 하세요.

물이 끓기 전과 같다 ☐	물이 끓기 전보다 낮아졌다 ☐	물이 끓기 전보다 높아졌다 ☐

2 (가)~(다) 중에서 다음의 내용이 추가로 들어가기에 알맞은 곳을 각각 쓰세요.

이때 따뜻한 물을 준비하면 실험 시간을 줄일 수 있습니다. ( )	가열하고 있는 비커에 가까이 다가가지 않고, 일정 거리 이상 떨어져 관찰합니다. ( )

주전자에 물을 넣고 끓이면 어떤 변화가 일어날까요? 물을 끓이기 시작하면 처음에는 변화가 거의 없다가 작은 **❶기포**가 조금씩 보글보글 생기면서 표면의 물이 천천히 증발합니다. 물이 끓기 시작하면 물속에서 큰 기포가 생겨 물 표면으로 올라와 터집니다. 그러다가 물이 팔팔 끓으면 주전자 입구에서 연기와 같은 하얀 김이 나오는 것을 볼 수 있습니다. 주전자 입구와 김이 생기는 부분 사이에는 아무것도 없는 것처럼 보이는 작은 틈이 있는데, 이 틈에 있는 것이 수증기입니다. 김과 수증기는 어떻게 다르기에 우리 눈에 보이기도 하고, 안 보이기도 하는 것일까요?

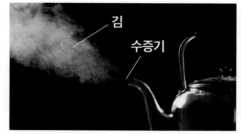
▲ 김과 수증기

물을 끓이면 물속에서 기포가 생기는데, 이 기포는 물이 수증기로 변한 것입니다. 수증기가 주전자의 입구를 통해 공기 중으로 나오면 주위의 낮은 온도에 영향을 받아 **❷냉각**되어 작은 물방울로 변하는데, 이것이 '김'입니다. 수증기는 냄새와 색깔이 없어 그것이 있는지 없는지 확인하는 것이 쉽지 않습니다. 하지만 김은 우리 눈에 보이기 때문에 이를 통해 간접적으로 수증기가 있다는 사실을 확인할 수 있습니다.

한편, 주전자 속 물이 끓을 때 주전자 뚜껑이 달그락달그락하며 **❸들썩**이는 모습을 볼 수 있습니다. 물이 기체 상태일 때는 액체 상태일 때보다 입자의 움직임이 더 활발하고 입자 사이의 거리가 멀어 부피가 큽니다. 따라서 액체인 물이 기체인 수증기로 변할 때 부피가 **❹팽창**하기 때문에 주전자 뚜껑이 들썩이게 되는 것입니다. 이때 뚜껑이 열리거나 튀는 것을 방지하기 위해 주전자 뚜껑에 수증기가 빠져나갈 수 있도록 구멍을 뚫기도 합니다.

주전자 속 물을 계속 끓이면 어떻게 될까요? 시간이 지나면 물이 끓은 후 물의 높이가 물이 끓기 전보다 낮아진 것을 볼 수 있을 것입니다. 이는 액체인 물이 기체인 수증기로 변해 공기 중으로 날아갔기 때문에 물의 양이 줄어든 것입니다.

------

❶ 기포: 액체 속에 기체가 들어가 작은 방울 모양을 이룬 것.
❷ 냉각: 식어서 차갑게 됨.
❸ 들썩이다: 어떤 물건이 떠들렸다 가라앉았다 함.
❹ 팽창: 부풀어서 부피가 커지는 것.

1 이 글의 주요 설명 방법으로 가장 알맞은 것은 무엇인가요?　　　　　(　　　　)

① 구체적인 예를 들어 설명하였다.

② 공간의 변화에 따라 설명하였다.

③ 대상을 일정한 기준에 따라 나누어 설명하였다.

④ 어떤 현상이 일어나는 까닭을 분석하여 설명하였다.

⑤ 하나의 대상에 대하여 관찰한 결과와 느낌을 정리하였다.

2 이 글을 읽고, 대답할 수 있는 질문이 <u>아닌</u> 것은 무엇인가요?　　　　　(　　　　)

① 수증기와 김은 어떻게 다른가요?

② 물을 계속 끓이면 왜 물의 양이 줄어드나요?

③ 물을 끓이면 물의 온도가 어떻게 달라지나요?

④ 물이 끓을 때 물속에 생기는 기포는 무엇인가요?

⑤ 주전자 속 물이 끓을 때 주전자 뚜껑은 왜 들썩이나요?

3 수증기에 대한 설명으로 옳지 <u>않은</u> 것을 골라 ○표 하세요.

냄새가 나지 않는다.	우리 눈에 하얀색으로 보인다.	주위의 온도가 낮아지면 물로 변한다.
☐	☐	☐

4 이 글의 내용을 바탕으로 빈칸에 들어갈 알맞은 말을 골라 ○표 하세요.

> 물이 수증기가 될 때 입자의 움직임이 (둔해지고 / 활발해지고) 입자 사이의 거리가 (가까워져 / 멀어져) 부피가 (줄어든다 / 늘어난다).

5 주전자에 물을 넣고 가열할 때 일어나는 변화로 옳지 <u>않은</u> 것은 무엇인가요? (　　)

① 물이 끓기 전에는 눈에 보이는 변화가 거의 없다.

② 조금 지나면 작은 기포가 조금씩 생기면서 표면의 물이 증발한다.

③ 물이 끓기 시작하면 물속에서 큰 기포가 생겨 물 표면으로 올라와 터진다.

④ 물이 팔팔 끓으면 주전자 입구에서 하얀 김이 나오는 것을 볼 수 있다.

⑤ 물이 끓을 때 주전자 입구에서 수증기가 나오는 것을 직접 확인할 수 있다.

6 수증기와 김의 상태를 바르게 나타낸 것은 무엇인가요? (　　)

	①	②	③	④	⑤
수증기	고체	액체	액체	기체	기체
김	액체	고체	기체	액체	고체

7 이 글의 내용을 바르게 이해한 친구의 이름을 모두 쓰세요.

> • 한솔: 물을 계속 끓이면 물의 양이 줄어들다 다시 늘어나게 돼.
> • 유빈: 주전자 입구에서 나온 김은 수증기가 냉각되어 생긴 작은 물방울이야.
> • 누리: 주전자 입구에서 하얀 김이 나오는 것을 통해 수증기가 있다는 것을 간접적으로 알 수 있어.
> • 선하: 주전자 뚜껑에 구멍이 많이 뚫려 있으면 주전자 속 물이 끓을 때 뚜껑이 더 많이 들썩거릴 거야.

(　　　　　　　　　　)

추운 날에 보이는 입김

입김은 숨을 쉴 때 내쉬는 공기 속에 있는 수증기가 차가운 공기를 만나 작은 물방울로 변한 것을 말합니다. 날씨가 추울수록 입안에서 내쉰 공기의 온도와 바깥 공기의 온도 차이가 커져 입김이 더욱 잘 보입니다.

1 다음 낱말의 뜻으로 알맞은 것을 바르게 선으로 이어 보세요.

(1) 팽창 •

(2) 기포 •

(3) 냉각 •

• ㉠ 식어서 차갑게 됨.

• ㉡ 부풀어서 부피가 커지는 것.

• ㉢ 액체 속에 기체가 들어가 작은 방울 모양을 이룬 것.

2 다음 문장의 빈칸에 들어갈 소리나 모양을 흉내 낸 말을 보기 에서 찾아 쓰세요.

보기   사그락사그락   핑글핑글   보글보글   달그락달그락

(1) 냄비에서 뭔가 _____ 끓고 있다.

(2) 아이들이 _____ 도는 팽이를 보며 즐거워한다.

(3) 필통 속의 연필들이 부딪쳐 _____ 소리가 난다.

(4) 밤새 내린 함박눈을 밟을 때마다 _____ 소리가 난다.

3 다음 빈칸에 들어갈 말의 뜻을 보고, 알맞은 낱말을 보기 에서 찾아 쓰세요.

보기   활발하다   방지하다   흩어지다

(1) 목걸이의 줄이 끊어져서 진주알이 방바닥에 마구 _____.
└ 한곳에 모여 있던 것이 각각 떨어지거나 퍼지다.

(2) 정기적이고 철저한 점검으로 안전사고를 미연에 _____.
└ 어떠한 일이나 현상이 일어나지 못하도록 막다.

(3) 유아용품 사이트에서는 엄마들의 커뮤니티 활동이 _____.
└ 생기가 있고 힘차다.

컵 표면의 물은 어디에서 왔을까요?

매체 독해 다음 누리 소통망(SNS)를 보고, 물음에 답해 봅시다.

mirae

좋아요 4개

mirae | 산책하다가 발견한 풀잎에 맺힌 이슬!
#이른 아침 #풀잎 이슬 #방울방울 #영롱하다

 minjun | 이거 어제 과학 시간에 배웠던 응결의 예인가?

 mirae | 맞아, 이른 아침에는 날씨가 쌀쌀해서 그런지 풀잎마다 이슬이 많이 맺혀 있더라고. 예뻐서 한번 찍어 봤어.

 minjun | 햇볕이 쨍쨍한 한낮이 되면 다시 사라지니, 계속 볼 수 없기에 더 아름다운 것 같아.

 soeun | 언니, 응결이 뭐야?

 mirae | 소은아, 응결은 기체인 수증기가 액체인 물로 변하는 것을 말해.

1 이 글에 나온 풀잎에 맺힌 이슬에 대한 설명으로 옳지 <u>않은</u> 것을 골라 ○표 하세요.

| 응결과 관련된 예이다. ☐ | 햇볕이 쨍쨍한 한낮이 되면 풀잎에 맺힌다. ☐ | 공기 중의 수증기가 물로 변한 것이다. ☐ |

2 이 글을 보고 이슬이 맺히는 까닭을 정리할 때 빈칸에 들어갈 알맞은 말을 골라 ○표 하세요.

기온이 (낮아지면 / 높아지면) 공기 중의 수증기가 (차가운 / 뜨거운) 풀잎에 닿아 물방울로 변하기 때문이다.

(가) 냉장고 안에 있던 차가운 캔 음료를 꺼내 **❶실온**에 두면 잠시 후 캔 바깥쪽에 작은 물방울이 맺힌 것을 볼 수 있습니다. 이 물방울은 공기 중에 있던 수증기가 액체인 물로 응결되어 생긴 것입니다.

(나) '응결'이란 우리 눈에 보이지 않는 공기 중의 수증기가 액체 상태의 물로 변하는 현상을 말합니다. 응결은 공기가 냉각되면서 일어납니다. 공기의 온도가 높아질수록 공기 중에 포함될 수 있는 수증기의 양은 많아집니다. 공기 중에 포함된 수증기의 양이 일정할 때, 온도가 낮아지면 공기 중에 포함되어 있던 수증기가 더 이상 공기 중에 남아 있을 수 없어 물로 변하는 것입니다.

(다) 응결과 관련된 예는 우리 생활에서 쉽게 찾아볼 수 있습니다. 욕실에서 샤워를 할 때 거울 표면에 물방울이 맺혀 얼굴이 보이지 않는 경험을 흔히 하게 됩니다. 또 추운 겨울에 외출했다가 따뜻한 실내로 들어가면 안경에 김이 서리는 것을 볼 수 있습니다. 가열한 냄비 뚜껑 안쪽에 물방울이 맺히거나 추운 날 유리창에 입김을 불면 **❷뿌옇게** 김이 생기는 것도 응결 때문에 일어나는 현상입니다.

(라) 구름, 이슬, 안개와 같은 **❸기상 현상**도 응결과 관련이 있습니다. ⃞ ㉠ ⃞ 은/는 공기 중의 수증기가 높은 하늘에서 응결하여 만들어진 것입니다. **❹새벽녘** 차가워진 풀잎이나 나뭇가지 등에 맺힌 ⃞ ㉡ ⃞ 도 공기 중의 수증기가 응결하여 물방울로 변한 것입니다. 기온이 낮은 밤이나 새벽에 볼 수 있는 ⃞ ㉢ ⃞ 은/는 지표면 근처의 공기가 차가워져 공기 중의 수증기가 응결해 작은 물방울로 떠 있어서 뿌옇게 보이는 것입니다.

(마) 이슬과 안개는 모두 수증기가 응결하여 나타나는 현상이지만, 냉각되는 **❺대상**과 수증기가 응결되는 위치가 다릅니다. 이슬은 풀잎이나 나뭇가지와 같은 물체가 냉각되어 생긴 것이고, 안개는 공기가 냉각되어 생긴 것입니다. 그리고 이슬은 물체 표면에 물방울이 맺히고 안개는 물방울이 지표면 근처에 떠 있습니다. 또한 안개를 이루는 물방울은 이슬을 이루는 물방울보다 크기가 더 작습니다.

---

❶ **실온**: 방 안의 온도.
❷ **뿌옇다**: 선명하지 못하고 흐림.
❸ **기상 현상**: 바람, 구름, 비, 눈과 같이 대기 중에서 일어나는 물리적인 변화를 통틀어 이르는 말.
❹ **새벽녘**: 날이 밝아 올 무렵.
❺ **대상**: 어떤 일의 상대 또는 목표가 되는 것.

1 이 글의 중심 낱말을 쓰세요.

(   )

2 (가)~(마)의 중심 내용으로 알맞지 <u>않은</u> 것은 무엇인가요?   (   )

① (가): 차가운 캔 바깥쪽에 맺힌 물방울
② (나): 응결의 뜻과 응결이 일어나는 원리
③ (다): 생활 속에서 볼 수 있는 응결의 예
④ (라): 응결로 인한 기상 현상
⑤ (마): 이슬과 안개의 공통점

3 이 글의 내용을 바탕으로 빈칸에 공통으로 들어갈 알맞은 말을 쓰세요.

> • 이른 새벽 거미줄에 맺힌 물방울은 공기 중의 (   )이/가 물로 변한 것이다.
> • 차가운 주스가 든 컵 표면에 맺힌 물방울은 공기 중의 (   )이/가 물로 변한 것이다.

(   )

4 다음 중 우리 생활에서 볼 수 있는 응결의 예가 <u>아닌</u> 것은 무엇인가요?   (   )

①    ②    ③

④    ⑤

5 이 글의 내용으로 옳은 것은 무엇인가요? ( )

① 구름은 기체 상태인 수증기로 이루어져 있다.

② 이슬을 이루는 물방울은 안개를 이루는 물방울보다 크기가 더 작다.

③ 가열한 냄비 뚜껑 안쪽에 물방울이 맺히는 현상은 응결과 관련된 예이다.

④ 공기의 온도가 낮아지면 공기 중에 포함될 수 있는 수증기의 양이 더 많아진다.

⑤ 차가운 음료수가 든 캔 바깥쪽에 맺힌 물방울은 캔 속의 물이 밖으로 새어 나온 것이다.

6 이 글의 내용으로 볼 때 ㉠~㉢에 들어가기에 알맞은 낱말을 각각 쓰세요.

㉠

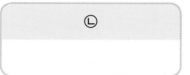
㉡

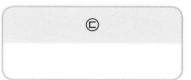
㉢

7 다음 내용이 추가로 들어가기에 알맞은 문단은 무엇인가요? ( )

> 추운 겨울 유리창 안쪽에 맺힌 물방울도 공기 중의 수증기가 차가운 유리창에 닿아 응결하여 물로 변한 것입니다.

① (가)　　② (나)　　③ (다)　　④ (라)　　⑤ (마)

1 다음의 뜻을 가진 낱말을 <u>보기</u> 에서 찾아 쓰세요.

> 보기   새벽녘   대상   실온

(1) 방 안의 온도.   (   )

(2) 날이 밝아 올 무렵.   (   )

(3) 어떤 일의 상대 또는 목표가 되는 것.   (   )

2 다음의 초성을 보고 빈칸에 공통으로 들어갈 알맞은 낱말을 쓰세요.

(1) 그동안의 [ㄱ | ㅎ] 을 살려서 한번 잘해 보시오.

     내 [ㄱ | ㅎ] 에 비추어 볼 때, 이 일은 혼자 할 수 없다.

(2) [ㅇ | ㄱ] 가 자욱하게 낀 날은 운전하기가 힘들다.

     그 사건이 어떻게 해결될지 아직은 [ㅇ | ㄱ] 속이다.

(3) 행주를 물에 넣고 [ㄱ | ㅇ] 하여 소독하였다.

     냄비에 물을 넣고 [ㄱ | ㅇ] 한 뒤 라면을 끓였다.

3 다음 문장에서 밑줄 친 낱말이 어떤 뜻으로 사용되었는지 기호를 쓰세요.

> **서리다**
>
> ㉠ 수증기가 찬 기운을 받아 물방울을 지어 엉기다.
> ㉡ 어떤 기운이 어리어 나타나다.
> ㉢ 어떤 생각이 마음속 깊이 자리 잡아 간직되다.
> ㉣ 냄새가 흠뻑 풍기다.

(1) 들판에는 꽃과 풀 냄새가 <u>서려</u> 향기로웠다.   (   )

(2) 버스 창문에 김이 <u>서려</u> 밖이 잘 보이지 않았다.   (   )

(3) 아이들의 얼굴에는 승리의 기쁨이 <u>서려</u> 있었다.   (   )

(4) 할아버지께서는 잃어버린 삼촌을 찾아 마음에 <u>서린</u> 한을 풀었다.   (   )

 **매체 독해** 다음 신문 기사를 읽고, 물음에 답해 봅시다.

미래일보   20○○년 ○○월 ○○일 ○요일

　　　　　⊙　　　　　을/를 깨끗한 물로 바꿔 주는 정수기

　　바닷가 근처에 사는 개발 도상국 사람들은 눈앞에 물이 많아도 마실 수 없다. 바닷물에는 짠맛이 나는 소금 등 여러 가지 물질이 녹아 있기 때문이다. 바닷물을 마실 수 있는 물로 바꿔 주는 시설을 설치하면 좋겠지만 비용이 만만치 않다.

　　가브리엘 디아만티는 깨끗한 물을 구하기는 힘들지만 바닷물은 풍부한 개발 도상국 사람들을 위한 정수기를 발명했다. 이 정수기로 태양열을 이용해 바닷물을 증류시켜 깨끗한 물을 얻을 수 있다. 정수기의 위쪽에 바닷물을 넣으면 태양열에 의해 물이 증발하여 수증기가 되고, 이 수증기가 금속 튜브를 통해 이동하면서 물방울이 맺히며, 마실 수 있는 깨끗한 물이 얻어진다. 이 정수기 하나로 하루에 약 5 L의 물을 만들 수 있다고 한다.

▲ 바닷물 정수기의 원리

＊**증류:** 액체를 가열하여 생긴 기체를 냉각하여 다시 액체로 만드는 일.

1 ⊙에 들어갈 알맞은 말을 쓰세요.

(　　　　　　　　　　　　　　　)

2 이 기사에 나온 정수기에 대한 설명으로 옳지 <u>않은</u> 것은 무엇인가요?　　　(　　　)

① 가브리엘 디아만티가 발명했다.

② 이 정수기 한 개로 하루에 약 5 L의 물을 만들 수 있다.

③ 바닷가 근처에 사는 개발 도상국 사람들을 위해 만들어졌다.

④ 바람을 이용해 바닷물을 증류시켜 마실 수 있는 물로 바꿔 준다.

⑤ 바닷물의 물이 수증기가 되고, 이 수증기가 물방울로 변하는 현상을 이용하였다.

우리 몸의 70 % 이상은 물로 구성되어 있으므로 생명을 유지하기 위해서 물은 꼭 필요합니다. 우리가 건강한 몸을 유지하려면 깨끗하고 충분한 양의 물을 마시는 것은 매우 중요합니다.

그런데 아프리카를 포함한 여러 지역에서는 물 부족 현상으로 많은 사람들이 ❶극심한 고통을 겪고 있다고 합니다. 이들은 마실 물이 부족하여 오염된 물을 마시고 ❷감염성 질병에 시달리거나 목숨을 잃기도 합니다.

오스트레일리아의 한 대학생은 우연히 캄보디아를 방문했다가 깨끗한 물이 부족하여 오염된 물을 ❸식수로 사용하는 사람들이 많다는 것을 알게 되었습니다. 그는 ㉠이들을 위해 깨끗한 물을 쉽게 얻을 수 있는 정수기를 생각해 냈습니다. 그 후 물의 상태 변화를 이용해 적은 비용으로 깨끗한 물을 얻을 수 있는 장치인 '솔라볼'을 발명했습니다.

솔라볼은 물의 증발과 응결을 이용하여 깨끗한 물을 얻는 비교적 간단한 장치입니다. 오염된 물을 공 모양의 솔라볼에 넣은 다음, 햇빛이 잘 드는 곳에 두면 물이 증발하여 수증기가 됩니다. 이 수증기는 공기 중에서 기체 상태로 있다가 밤이 되어 온도가 낮아지면 솔라볼 위쪽에서 응결되어 바깥 저장고에 모입니다. 이 과정에서 오염

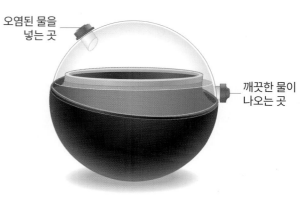

오염된 물을 넣는 곳

깨끗한 물이 나오는 곳

▲ 솔라볼의 구조

된 물과 깨끗한 물이 분리됩니다. 솔라볼 한 개로는 하루에 약 3 L 정도의 물을 얻을 수 있습니다. 무엇보다 솔라볼은 ❹별도의 전력이 필요 없어 유지·관리 비용이 들지 않고, 햇빛만으로 물을 깨끗하게 만들 수 있는 친환경 제품입니다. 또한 가벼워서 ❺휴대가 가능하기 때문에 어디에서든지 솔라볼을 이용해 깨끗한 물을 얻을 수 있습니다.

----

❶ **극심하다**: 매우 심함.
❷ **감염성**: 미생물이 생물체에 옮아 병을 일으킴.
❸ **식수**: 먹을 용도의 물.
❹ **별도**: 원래의 것에 덧붙여서 추가한 것.
❺ **휴대**: 손에 들거나 몸에 지니고 다니는 것.

1 이 글의 제목으로 가장 알맞은 것은 무엇인가요?　　　　　　　　　(　　　　)

① 수질 오염의 원인

② 생명 유지에 중요한 물

③ 솔라볼 장치의 원리와 장점

④ 물 부족 현상에 시달리는 나라들

⑤ 물 부족 현상으로 고통 받는 사람들을 위해 만들어진 솔라볼

2 이 글의 주요 설명 방법으로 알맞은 것은 무엇인가요?　　　　　　　(　　　　)

① 시간의 순서에 따라 설명하였다.

② 공간의 변화에 따라 설명하였다.

③ 어떤 주제에 대한 주장과 근거를 제시하였다.

④ 두 가지의 다른 대상을 비교하여 설명하였다.

⑤ 어떤 물체가 만들어지게 된 배경을 자세히 설명하였다.

3 이 글을 읽고, 빈칸에 들어갈 알맞은 말을 쓰세요.

> (　　　　　　　　　　)은/는 우리 몸의 70 % 이상을 구성하는 중요한 물질이다.

4 이 글에서 ㉠이 가리키는 사람들은 누구인가요?　　　　　　　　　(　　　　)

① 오스트레일리아의 대학생들

② 건강한 몸을 유지하는 노인들

③ 오염된 물을 식수로 사용하는 사람들

④ 솔라볼을 이용하여 깨끗한 물을 마시는 사람들

⑤ 매일 깨끗하고 충분한 양의 물을 마시는 사람들

5 이 글의 내용으로 옳지 <u>않은</u> 것은 무엇인가요?　　　　　　　　　　(　　　　　)

① 물은 생명을 유지하기 위해 꼭 필요한 물질이다.

② 오염된 물을 마시면 감염성 질병에 걸릴 수 있다.

③ 솔라볼은 물의 상태 변화를 이용해서 만든 장치이다.

④ 세계 여러 지역에서는 물 부족 현상으로 극심한 고통을 겪고 있다.

⑤ 솔라볼은 정수 효과가 뛰어나지만, 많은 양의 전력이 필요하다는 단점이 있다.

6 솔라볼을 이용하여 물을 정수하는 과정을 순서에 맞게 번호를 쓰세요.

- 응결된 물을 모아 식수로 사용한다.　　　　　　　　　　　(　　　　)
- 물이 증발하여 수증기가 된다.　　　　　　　　　　　　　(　　　　)
- 오염된 물을 솔라볼에 담아서 햇빛이 잘 드는 곳에 둔다.　(　　　　)
- 수증기가 솔라볼 위쪽에서 응결되어 바깥 저장고에 모인다.　(　　　　)

7 솔라볼에 대해 <u>잘못</u> 설명한 친구의 이름을 쓰세요.

- 수아: 별도의 유지·관리 비용이 들지 않고 햇빛만으로 정수를 할 수 있다니 놀라워.
- 준현: 물이 응결되는 원리를 이용하니까 항상 추운 나라에서 특히 효과적일 것 같아.
- 하람: 솔라볼을 만든 사람이 대학생이라니! 나도 어려운 사람들을 도울 수 있는 새로운 물건을 발명하고 싶어.
- 서준: 솔라볼이 가볍고 휴대할 수 있다는 점이 가장 마음에 들어. 어디에서나 깨끗한 물을 얻을 수 있잖아.

　　　　　　　　　　　　　　　　　　　　　(　　　　　　　　　)

생명을 구하는 빨대, 라이프 스트로

'라이프 스트로'는 오염된 물을 정화시켜 마실 수 있는 물로 바꿔 주는 휴대용 정수 빨대입니다. 빨대 하나로 한 명이 1년 동안 마시기에 충분한 양인 700 L의 물을 정수할 수 있으며, 약 99 %의 바이러스 및 기생충을 없앨 수 있습니다.

1 다음 낱말의 뜻으로 알맞은 것을 바르게 선으로 이어 보세요.

(1) 식수 •

(2) 휴대 •

(3) 감염성 •

• ㉠ 손에 들거나 몸에 지니고 다니는 것.

• ㉡ 미생물이 생물체에 옮아 병을 일으킴.

• ㉢ 먹을 용도의 물.

2 다음 문장에 들어갈 알맞은 낱말을 골라 ○표 하세요.

(1) { 여러분들께서 (가급적 / 비교적) 많이 도와주시기 바랍니다.
우리 학교는 시내에 위치하고 있어 (가급적 / 비교적) 교통이 편리하다.

(2) { 장수는 말을 타고 드넓은 들판을 (내달리고 / 시달리고) 있었다.
할머니께서는 오랫동안 깊은 병고에 (내달리고 / 시달리고) 계셨다.

(3) { 누나는 자신의 삶과 이 문제는 (별개 / 별도)라고 생각했다.
엄마께서는 형의 대학 입학금을 위해 (별개 / 별도)의 적금을 들어 두셨다.

3 다음 빈칸에 들어갈 말의 뜻을 보고, 알맞은 낱말을 보기 에서 찾아 활용하여 쓰세요.

| 보기 | 겪다 | 걸리다 | 비롯하다 | 유지하다 |

(1) 물은 생명을 _____ 데 매우 중요한 요소이다.
  ∟ 어떤 상태나 상황을 그대로 이어 가는. 변함없이 계속하는.

(2) 아픔과 시련을 _____ 난 후 이전보다 훨씬 성숙해졌다.
  ∟ 당하여 치르고.

(3) 환절기에는 감기에 _____ 않도록 따뜻하게 입고 다니렴.
  ∟ 병에 들지.

(4) 석유를 _____ 화석 연료의 소비량이 계속 증가하고 있다.
  ∟ 여럿 가운데 앞의 것을 처음으로 삼아 그것을 중심으로 다른 것도 포함한.

주제5. 물질의 변화

낱말판의 가로, 세로, 대각선에 숨어 있는 낱말을 찾으며,
주제5에서 공부한 용어의 뜻을 다시 한번 떠올려 봐요.

정답 확인

물	혈	응	결	그	레	솔	기	포
황	액	안	고	위	선	배	체	들
하	폐	개	소	도	우	순	설	썩
얀	냄	울	금	코	묵	보	환	이
표	부	족	호	끼	분	글	김	다
훼	면	방	수	리	답	지	주	냉
량	구	름	트	서	식	알	전	각
기	상	현	상	지	수	콜	자	올

힌트

❶ 염분이 높은 물을 담고 있는 호수.

❷ 산이나 높은 지대로 둘러싸인 평지.

❸ 좋은 현상이 되풀이되는 것. **반대** 악순환

❹ 집, 토지, 삼림 등이 거칠고 못 쓸 상태에 있음. **예** 극심한 가뭄으로 마을 전체가 □□해졌다.

❺ 액체 속에 기체가 들어가 작은 방울 모양을 이룬 것.

❻ 사물의 가장 바깥쪽 또는 가장 윗부분.

❼ 식어서 차갑게 됨.

❽ 기체 상태의 수증기가 액체 상태의 물로 변하는 현상.

❾ 바람, 구름, 비, 눈과 같이 대기 중에서 일어나는 물리적인 변화를 통틀어 이르는 말.

❿ 먹을 용도의 물. **예** 이 지역은 강수량이 적어 □□가 부족하다.

하루한장 앱은
이렇게 활용해요!

하루와 함께 잡는
바른 공부 습관

하루
한장

---

1 하루한장 앱 설치

먼저 교재 표지의 QR 코드를
찍어 하루한장 앱을 설치해요.

Download on the
App Store

GET IT ON
Google Play

---

2 하루한장 앱 실행

교재를 등록한 후, 매일매일 학습을 끝내고
스마트폰으로 하루한장 앱을 열어요.

하루
한장

---

3 QR 코드 스캔

교재의 정답 확인
QR 코드를 찍어요.

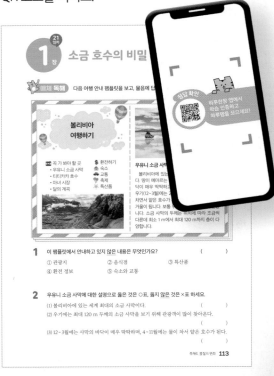

---

4 학습 인증

학습 완료를 인증하고
하루템을 모아요.

하루템을 모두 모아 골든티켓이 생기면
하루랜드에서 선물로 교환할 수 있어요.

퍼즐 학습으로 재미있게 초등 어휘력을 키우자!

퍼즐런

하루 4개씩
25일 완성!

어휘력을 키워야 문해력이 자랍니다.
문해력은 국어는 물론 모든 공부의 기본이 됩니다.

퍼즐런 시리즈로
재미와 학습 효과 두 마리 토끼를 잡으며,
문해력과 함께 공부의 기본을
확실하게 다져 놓으세요.

Fun! Puzzle! Learn!

재미있게!　　　퍼즐로!　　　배워요!

미래엔 초등 도서 목록

초코

교과서 달달 쓰기 · 교과서 달달 풀기
1~2학년 국어 · 수학 교과 학습력을 향상시키고
초등 코어를 탄탄하게 세우는 기본 학습서
[4책] 국어 1~2학년 학기별
[4책] 수학 1~2학년 학기별

미래엔 교과서 길잡이, 초코
초등 공부의 핵심[CORE]를 탄탄하게 해 주는
슬림 & 심플한 교과 필수 학습서
[8책] 국어 3~6학년 학기별, [8책] 수학 3~6학년 학기별
[8책] 사회 3~6학년 학기별, [8책] 과학 3~6학년 학기별

전과목 단원평가
빠르게 단원 핵심을 정리하고, 수준별 문제로 실전력을 키우는
교과 평가 대비 학습서
[8책] 3~6학년 학기별

문제 해결의 길잡이

원리 8가지 문제 해결 전략으로 문장제와 서술형 문제 정복
[12책] 1~6학년 학기별

심화 문장제 유형 정복으로 초등 수학 최고 수준에 도전
[6책] 1~6학년 학년별

퍼즐런

초등 필수 어휘를 퍼즐로 재미있게 익히는 학습서
[3책] 사자성어, 속담, 맞춤법

하루한장 예비 초등

한글완성
초등학교 입학 전 한글 읽기·쓰기 동시에 끝내기
[3책] 기본 자모음, 받침, 복잡한 자모음

예비초등
기본 학습 능력을 향상하며 초등학교 입학을 준비하기
[4책] 국어, 수학, 통합교과, 학교생활

하루한장 독해

독해 시작편
초등학교 입학 전 기본 문해력 익히기 30일 완성
[2책] 문장으로 시작하기, 짧은 글 독해하기

어휘
문해력의 기초를 다지는 초등 필수 어휘 학습서
[6책] 1~6학년 단계별

독해
국어 교과서와 연계하여 문해력의 기초를 다지는 독해 기본서
[6책] 1~6학년 단계별

독해+플러스
본격적인 독해 훈련으로 문해력을 향상시키는 독해 실전서
[6책] 1~6학년 단계별

비문학 독해 (사회편·과학편)
비문학 독해로 배경지식을 확장하고 문해력을 완성시키는
독해 심화서
[사회편 6책, 과학편 6책] 1~6학년 단계별

초등학교에서 탄탄하게 닦아 놓은
공부력이 중·고등 학습의 실력을 가릅니다.

하루한장 쏙셈

쏙셈 시작편
초등학교 입학 전 연산 시작하기
[2책] 수 세기, 셈하기

쏙셈
교과서에 따른 수·연산·도형·측정까지 계산력 향상하기
[12책] 1~6학년 학기별

쏙셈+플러스
문장제 문제부터 창의·사고력 문제까지 수학 역량 키우기
[12책] 1~6학년 학기별

쏙셈 분수·소수
3~6학년 분수·소수의 개념과 연산 원리를 집중 훈련하기
[분수 2책, 소수 2책] 3~6학년 학년군별

하루한장 한국사

큰별★쌤 최태성의 한국사
최태성 선생님의 재미있는 강의와 시각 자료로
역사의 흐름과 사건을 이해하기
[3책] 3~6학년 시대별

하루한장 한자

그림 연상 한자로 교과서 어휘를 익히고 급수 시험까지 대비하기
[4책] 1~2학년 학기별

하루한장 급수 한자

하루한장 한자 학습법으로 한자 급수 시험 완벽하게 대비하기
[3책] 8급, 7급, 6급

하루한장 ENGLISH BITE

ENGLISH BITE 알파벳 쓰기
알파벳을 보고 듣고 따라쓰며 읽기·쓰기 한 번에 끝내기
[1책]

ENGLISH BITE 파닉스
자음과 모음 결합 과정의 발음 규칙 학습으로
영어 단어 읽기 완성
[2책] 자음과 모음, 이중자음과 이중모음

ENGLISH BITE 사이트 워드
192개 사이트 워드 학습으로 리딩 자신감 키우기
[2책] 단계별

ENGLISH BITE 영문법
문법 개념 확인 영상과 함께 영문법 기초 실력 다지기
[Starter 2책 , Basic 2책] 3~6학년 단계별

ENGLISH BITE 영단어
초등 영어 교육과정의 학년별 필수 영단어를
다양한 활동으로 익히기
[4책] 3~6학년 단계별

초등 교과서 발행사 미래엔의
교재로 초등 시기에 길러야 하는
공부력을 강화해 주세요.

"문제 해결의 길잡이"와 함께 문제 해결 전략을 익히며 수학 사고력을 향상시켜요!

초등 수학 상위권 진입을 위한
"문제 해결의 길잡이" 비법 전략 4가지

비법 전략 1 문제 분석을 통한 수학 독해력 향상

문제에서 구하고자 하는 것과 주어진 조건을 찾아내는 훈련으로 수학 독해력을 키웁니다.

비법 전략 2 해결 전략 집중 학습으로 수학적 사고력 향상

문해길에서 제시하는 8가지 문제 해결 전략을 익히고 적용하는 과정을 집중 연습함으로써 수학적 사고력을 키웁니다.

비법 전략 3 문장제 유형 정복으로 고난도 수학 자신감 향상

문장제 및 서술형 유형을 풀이하는 연습을 반복적으로 함으로써 어려운 문제도 흔들림 없이 해결하는 자신감을 키웁니다.

비법 전략 4 스스로 학습이 가능한 문제 풀이 동영상 제공

해결 전략에 따라 단계별로 문제를 풀이하는 동영상 제공으로 자기 주도 학습 능력을 키웁니다.